芸能界薬物汚染

その恐るべき実態

鹿砦社薬物問題研究会 編著

鹿砦社

芸能界薬物汚染　その恐るべき実態

鹿砦社薬物問題研究会＝編著

はじめに

　本書では、二〇〇五年から十年あまりの、芸能人、スポーツ選手、文化人、業界人など、芸能界を中心とした著名人による薬物事件を網羅し、あらましをまとめている。その人数の多さに驚かされるが、おそらくここに掲載された面々は、「不運にもバレてしまった人たち」で、氷山の一角にすぎない。薬物での逮捕は現行犯が基本でハードルが高い。この他にも、限りなく黒に近い疑惑の著名人の噂は山のようにあり、その多くは「根も葉もないもの」というわけではないだろう。芸能界薬物汚染の実態は、本書に表れているよりずっとひどいものだと推測される。

　派手で不安定な芸能人や業界人という職業は、もともと薬物との親和性が高く、芸能界自体が裏社会と近い存在でもある。そこそこ金を持ち、刹那的で脇が甘い彼らは、密売人にとってたまらなくおいしい上客だ。この「薬物との近さ」は一般人とは違う芸能人特有の事情であろう。特に芸能界の薬物汚染に深く関係しているのが「六本木ルート」といわれる、六本木・麻布界隈の薬物流通コネクションである。芸能人たちは、飛んで火に入る夏の虫のごとく、この界隈に吸い寄せられ、売人たちのターゲットになっていく。

「薬物は恐ろしい」とよくいわれるが、何がどのように恐ろしいのかは、薬物に縁のない者にとってはなかなか実感できないところである。多くのサンプルの集積である本書は、それを感じ取っていただく一助になるだろう。様々な精神障害による異常行動、それによる社会性の喪失、激ヤセなどの健康障害、そして何より、やめたくてもやめられなくなる強烈な依存性。「薬に負ける弱さ」に関しては、決して「自惰落な芸能人」特有の「他人事」ではないことを肝に命じるべきである。ひとたび関わると誰でも簡単に強い依存症になり、そこから抜け出せなくなる。それが薬物の一番の恐ろしさである。

近年安価でお手軽な「危険ドラッグ」の普及により、薬物に対するハードルが急速に下がり、「薬物のカジュアル化」が進んでいる。危険ドラッグも生じる障害や依存性は従来の薬物と変わらず、むしろ得体の知れない分、「純正品」よりリスクが高い。今後「庶民いじめ」政策で人心が荒んでくる中、庶民層への薬物の侵食が懸念される。

多様な薬物の中で唯一、その危険性についての評価が分かれているのが大麻である。大麻は昔から、酒やタバコ同様人々の生活の中で親しまれてきたものであり、むしろ規制する方が間違っているという考え方も根強い。日本では覚せい剤などに準じる薬物として大麻も厳しい規制対象になっており、本書でも一応それに則っている。しかし近年は欧米を含め世界的に大麻解禁の流れにあるということは、念頭に置いておきたい。比較的安全な大麻を解禁することが、より危険な薬物の抑止につながるという報告もある。おそらく日本もいずれは、周回遅れで大麻に対する規制が変わってくることが予想されるが、それはまだ当分先のことだろう。

第一章

トップスターの転落

1　清原和博

崩壊した虚像の番長

二〇一六年　覚せい剤取締法違反（懲役二年六カ月、執行猶予四年）

きよはら・かずひろ。一九六七年生まれ。元プロ野球選手。少年時代から頭角を現し、ＰＬ学園高校に進学すると一年時から甲子園に出場して全国的に有名になる。一九八六年西武ライオンズに入団、初年からスター選手として活躍する。一九九七年ＦＡ権を行使して読売ジャイアンツに移籍。二〇〇六年オリックスバッファローズに移籍、二〇〇八年引退。

注射器を持っていたところを逮捕

二〇一六年二月二日深夜、清原和博は自宅マンションで覚せい剤取締法違反容疑で警視庁組織犯罪対策五課により現行犯逮捕された。「捜査員が踏み込んだ時、清原は一人で、左手に注射器と吸引用のストローを持っており、『それは何だ。注射器を置け』と言うと、彼は静かにテーブルの上に置いた。テーブルにはビニール袋に入った覚せい剤がありました」（『週刊文春』二〇一六年二月一八日号）

清原が覚せい剤をやっているらしい、という噂はかなり前からあった。本格調査は二〇一五年八月頃から始まり、ほぼ二四時間体制で尾行・張りこみなどを行う他、自宅から出したゴミや飲食店、ホテルなど立ち回り先の慰留物調査も行われた。捜査陣はＡＳＫＡを逮捕した時と同じ特命チーム、優秀なエキスパートの集まりだった。自宅ゴミのティッシュに付着した汗と、清原が利用していたホテルの慰留物からの、覚せい剤成分の検出が逮捕を決定付け、手に注射器とストローを持って、今まさにやろうとしている状態を捕まえた。自宅から押収されたものは、使用中の覚せい剤〇・一グラム、注射器三本、ストロー一本、黒ずんだガラスパイプ一本、携帯電話四台だった。あぶりと即効性のある注射の両方を、自分の状態によって使い分けしていたと見られ、かなり慣れていて使用が長かったことがうかがえた。

深夜のニュース番組では、大きな体を縮めて連行される清原の姿がテレビに映し出された。清原逮捕を知った時の人々の思いは、一つには「やっぱり」というものであり、もう一つは「なぜいつの間に、清原はこんなふうになってしまったのか」ということだろう。一定以上の年齢層の脳裏には、健康的な好青年だった、太陽のようなヒーロー清原の姿が今も焼きついているのである。

賞賛を浴び続けた若年期

清原の野球人生は、最初から輝きに満ちたものだった。野球を始めた小学生時代にはすでに、ケタはずれの素質を見せ他を圧倒する。岸和田リトルリーグでは六年生に混じり唯一、四年でレギュラーの座を得た。六年時にはエースで四番を務め完全試合を達成した。中学生になると、岸和田シニアリーグで二年生でキャプテンとなり、関西シニアで優勝を果たした。三年時には、試合の行われた日生球場のネットを揺らす大ホームランを放ち注目を集めた。

　高校進学の際には三〇以上ものスカウトを受けたが、その中から選んだのはＰＬ学園高校だった。一年から四番となり、投手の桑田真澄とのＫＫコンビで、三年間に五回の甲子園大会出場を果たし、優勝二回、準優勝二回の成績を残す。高校生離れの豪快なホームランを何本も放ち、たちまち全国に知れ渡った清原は、常に注目と称賛を浴びる華やかなスターだった。

若獅子時代の清原

　そんな順風満帆な清原にとっての唯一の挫折は、一九八六年のプロ入団の際のドラフトである。六球団から一位指名を受けたものの、そこには子供の頃から熱烈なファンで強く入団を希望していた巨人の名はなかった。しかも巨人は、早稲田大学への進学を希望していたチームメイトの桑田を強制指名し、桑田はあっさりと巨人に入団する。第二希望の阪神も抽選で外れ、清原との交渉権を獲得したのは西武だった。当時はセ・リーグとパ・リーグの格差は大きく、特に西武は人気があるとは言いがたい地味なチームだった。ドラフト後の会見で清原は涙を流して悔しがった。巨人と桑田の間には密約があったのではないかとも噂され、この時の清原の落胆と不信感は、巨人に対する複雑な思いと執着となってずっと尾を引くことになる。

当初、巨人・阪神以外なら日本生命硬式野球部に行くとしていた清原だったが、結局、八〇〇〇万円という、当時としては破格の年俸で西武に入団した。堤義明オーナーにも気に入られ、恵まれた待遇を享受しながら、一年目から一軍の主力選手となり、数々のヒーロー伝説を重ねていく。

二年目の一九八七年にはリーグ優勝して日本シリーズで因縁の巨人と対決、あとワンアウトで優勝という時に、グランド上でファーストを守りながら涙を流した。この頃の清原のナイーブさと、細面で神経質そうな相貌が、彼の本質であったかもしれない。ファンにとっては、豪快さの中に垣間見える繊細さ、純粋さもたまらない魅力だった。

その後も快進撃が続き、四番打者として、秋山幸二、工藤公康、渡辺久信らと九〇年代前半まで続く西武黄金時代を築いた。どういうわけかタイトルには縁がなかったが、このまま西武にとどまれば、たとえ衰えても生え抜きの功労者として敬愛され、温かく見守られて引退までを幸せに過ごせただろう。しかし西武で数々の栄光を手にしてもなお巨人へのこだわりを捨てきれなかった清原は、ＦＡ権を行使して一九九六年秋に巨人へ移籍する。

故障に悩まされた壮年期

あこがれてやまなかった巨人への移籍。長嶋茂雄監督にも「僕の胸に飛び込んできなさい」と歓迎された。しかしそこから清原の野球人生の歯車が狂い始める。西武時代までの清原は常にスターとして特別扱いで、いわば甘やかされチヤホヤされてきたが、巨人ではそうはいかなかった。

移籍時二九歳だった清原の肉体は、すでに故障に蝕まれ始めていた。移籍前年の九五年には右肩を脱臼しており、これが大きなケガの始まりである。一九九八年に左大腿肉離れ、一九九九年に左手亀裂骨折、右足靭帯負傷、二〇〇〇年にも肉離れと故障が本格的に清原を襲い始め、以降清原の野球人生は故障との戦いになっていく。

そして巨人で求められるものは、やはり大きく重かった。すでにピークを過ぎた外様の清原に対し、ファンは、成績が少しふるわなければ容赦なくブーイングを浴びせ、応援のボイコットをすることもあった。清原はそれがとても辛かったと、のちにテレビ番組で語っている。オーナーの渡邉恒雄や長嶋の後を継いだ監督の堀内恒夫など球団側も清原に対してシビアで、大切にされていた西武時代とはまったく違っていた。

そんな中での明るい話題といえば、二〇〇〇年の、モデルの木村亜希との結婚と、それに続く二人の息子の誕生だった。しかし成績の方は不安定でふるわず、野球選手としては明らかに下降線を辿っていた。

追い詰められた清原は、自らを鼓舞するためなのだろうか、次第に様子が変わっていく。肌を焼き、ピアスをつけ、肉体改造と称して筋肉をつけ、相手を威嚇し、どんどんチンピラ風にガラが悪くなっていったのだ。そんな清原に『FRIDAY』が付けたあだ名「番長」が、やがて彼の代名詞になっていった。皮肉にも無理につけた筋肉は新たな故障の原因となり、ますます野球で成績を残せなくなる代わりに、様々なゴシップや奇行で大衆の耳目を集め、話題を提供するようになった。保守的な巨人で、そんな清原に対する風当たりは強くなる一方だった。

ついに二〇〇五年には巨人から戦力外通告を受けるが、これが精神的にかなりこたえた。悔し紛れに一晩で五〇〇〇万円を使ったことを、テレビ番組で語っている。

その後仰木彬の勧めでオリックスバッファローズに移籍する。しかしすでに体はボロボロで見るべき活躍もなく二〇〇八年に引退した。引退セレモニーでは清原が敬愛する長渕剛が訪れ、『とんぼ』を熱唱した。清原は著書『男道』の中で、「長渕さんの歌で、僕の魂を鎮めてもらおうと思った」と記している。目標を失って精神が破綻する予兆をすでに感じていたのかもしれない。

二〇〇六年に巨人時代の同僚・野村貴仁が覚せい剤で逮捕されたこともあり、オリックス時代には清原に最初の薬物疑惑が浮上している。野村が覚せい剤の一種「グリーニー」を同僚選手にも分け与えていたと供述したことから、警視庁は清原を捜査したが、この時は覚せい剤の使用を確認できず立件を断念している。また一部週刊誌は、二〇〇七年に清原と野村が電話で薬物のやりとりをしていると報じた。

奇行に拍車がかかる引退後

引退後の清原は、二〇〇九年一月から『日刊スポーツ』と野球評論家として専属契約を結んだ。まず評論家として新聞やテレビでの解説の仕事でワンクッション置いてから監督に、というのは引退選手のお決まりコースの一つである。清原も「将来的にまず二軍監督となってキャリアを積み、そして最終的には一軍監督として日本一になりたい」と抱負を語っていた。しかしその目論見は早くも崩れ去る。

放送局との専属契約は結んでいなかったが、三月に米サンディエゴで開催された『2009年ワールド・ベースボール・クラシック（WBC）』の、TBSテレビの実況解説を務めた。ところが清原は二次ラウンド二試合の中継の開始時間になっても姿を現さず、解説者としての仕事をドタキャンしたのである。この理由については、同じ着座姿勢を取り続けられないほどの重い膝痛が原因とされた。準決勝、決勝ラウンドには解説に復帰したものの、TBSの担当者は困惑し、これ以降生放送の野球解説には清原を使わなくなったという。この他にも清原は約束の時間を守らないことが多く、野球解説者として敬遠されるようになっていった。

一方で、バラエティ番組などでは持ち味を発揮する。タレントとしては圧倒的な存在感があり、

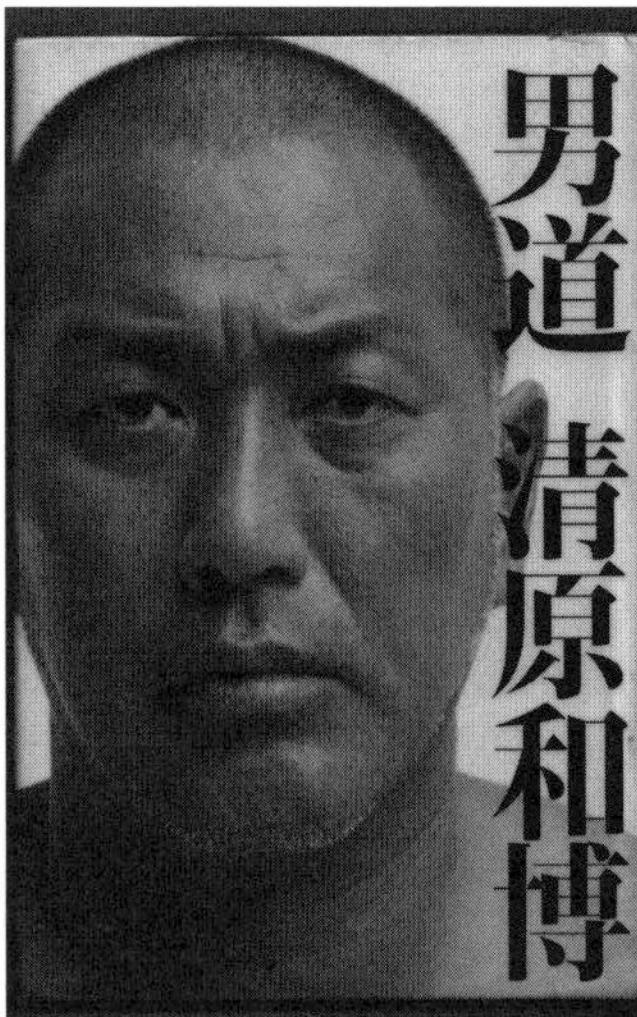

引退後、著書で思いを吐露している

予定調和を逸脱する破天荒な言動は見るものにとってこの上なく面白い。そして関西人らしく話にオチをつけるサービス精神もあった。しかし担当者にすれば、いつ何をしでかすかわからない扱いにくい出演者だったことだろう。

私生活では、この頃、銀座の高級クラブママとの不倫を『週刊文春』に報じられている。ドタキャンが話題になったWBCの仕事でも、アメリカにこの女性を伴っていた。この交際を通じて、清原は覚せい剤の深みにはまっていったのではないかとも言われているが、もしそうだとしても、それは女性だけのせいでもないだろう。少年時代から野球一筋だった清原にとって、引退後の野球から離れた生活には想像を絶する大きな喪失感があり、「野球をできないことが、こんなに辛いと思わなかった」と語っている。ぽっかり空いた心の隙間を埋めたのが「オンナとクスリ」だったというわけだ。ちなみに、この女性との交際はしばらく続くが、二〇一四年に『週刊文春』に覚せい剤疑惑を報じられ、仕事が激減した際、「金の切れ目が縁の切れ目」となって別れたという。

そうこうするうちに清原の風貌は凄みを増し、刺青も入れるなどして、チンピラを超えどんどんヤクザに近づいていった。奇行も枚挙にいとまがないくらいに増え、面白おかしく報道されて大衆に消費された。どんな時でも、良くも悪くも注目を集める人気者ではあった。そしてその裏では、薬物使用の疑いが年々強まっていった。

『週刊文春』報道のダメージ

数々のトラブルやヤクザへの傾倒などで人望を失いつつも、五〇〇〇万円ほどの年収を稼ぎ出し、何とか家族との生活を維持していた清原だったが、その均衡が崩れる転機がやってくる。二〇一四年三月、『週刊文春』が清原の薬物疑惑を報じたのだ。

『週刊文春』（二〇一四年三月一三日号）は「清原緊急入院　薬物でボロボロ」と題した記事で、覚せい剤の禁断症状に苦しみ、密かに精神科で治療を受ける清原を直撃取材している。目は泳ぎ、ろれつは回らず、取材に激高して記者のICレコーダーをへし折り、折れたICレコーダの鋭利な部分で自分の手を切りつけて記者にやられたと訴えるなど、清原の異様な様子が生々しく報じられた。記事は大きな反響を呼んだ。それに対し清原は『FRIDAY』で反論、受けていた治療は重度の糖尿病に対するもので、絶対に麻薬はやっていないと主張した。

のちにタレントの今田耕司が、この『週刊文春』記事が出る直前の清原との番組収録で、不可解な行動を目の当たりにしたことを語っている。

「ろれつ回らない、しゃべってる内容も使えるようなものではない。目もすわってる。朝まで飲んで酔った状態で収録に臨んだのかと思った。でも最後に挨拶に行った時に酒の匂いがしなかったから不思議だった」

その後『文春』記事が出て、その収録は一回お蔵入りになった。結局、元々はゴールデンタイムに放送するはずが、清原の出ている部分をすべてカットして昼間に放送されたという。今田と同じような違和感は、清原に接した多くの人が抱いていたようである。

『週刊文春』報道以降、清原に対する世の中の視線は急激に厳しくなり、仕事は激減する。そんな折、『中居正広の金曜日のスマたちへ』（TBS系）に出演の機会を得て、「お遍路」の様子が伝えられた。清原はこのテレビ出演が決まったことを喜び、なけなしの金で番組スタッフを接待したという。

パチンコ営業などの仕事はあったが、十代から高額の報酬をもらい、一回の遊興に百万単位を費やすような荒い金遣いが身に付いていた清原は、たちまち経済的に追い詰められた。さらに追い打ちをかけたのが離婚である。亜希夫人は、子供のために加え「清原ブランド」で仕事をしていたこともあってか、これまで清原の家庭内での狼藉や浮気などにも辛抱強く耐えていたが、報道直後ついに、清原に行き先を告げずに子供と共に家を出てしまう。子供たちの通う名門校の慶応から、清原との離婚か自主退学の二者択一を迫られたという報道もあった。当初は離婚はないとしていたが、結局九月には公式に離婚が発表された。

子煩悩な清原にとって、子供に会えなくなったことは精神的に大きくこたえた。さらに二〇一五年二月には子供たちの養育費に充てるために、かつて家族で住んでいた高級マンションを売却し、清原はウィークリーマンションで暮らす身となった。

様々なダメージを受けて清原の壊れぶりと覚せい剤への依存はますます加速していった。二〇一五年八月『ダウンタウンなう』（フジテレビ系）に出演した際、浜田雅功に「クスリやってるの？」と単刀直入に問われ「風邪薬はやりました」と当意即妙な切り返しを見せていたものの、この頃から捜査が本格化し逮捕が刻々と迫りつつあった。

コワモテの裏のナイーブさ

清原は二〇一五年一一月二五日から「清原和博オフィシャルブログ」を始めている。最初の投稿は、全盛だった西武時代の背番号3にちなんで、午後三時三三分にアップするという細かいところを見せた。逮捕されるまでの二カ月あまりに一九二回もの更新を重ね、自分の日々の出来事や生活感情などを記していた。

その中で注目を集めたのが、一月一九日付の、「代償」というタイトルの以下のような文章だった。

「昨日　オルゴールをみて／鍋を作ってくれた　相方が／長渕さんの　ひとつ　歌ってくれた／2人の客が店に入ってきた／1人の男が俺を笑いながら指を指してきた／1回、2回、3回　完全に頭の中でブチキレる／あかん我慢やと歯を食いしばる／完全乱闘モード／我慢、我慢、やっぱり、あかん！／その瞬間灰皿を叩き割った」

清原の奇行を伝える『FRIDAY』

文中「オルゴール」とは長渕剛の主演映画であり、「ひとつ」は長渕の歌のタイトルである。この文章と共に、ケガをした掌の写真がアップされていた。当初はちょっとアブない番長キャラエピソードとして面白がられたのだが、今となっては、覚せい剤使用者らしい被害妄想や抑制のなさが典型的に表れているように見える。

ブログ全般では、外見とは裏腹の子供のような素直さと、少女のようなナイーブさが際立っていたようだ。シンプルな言葉の中にやるせない寂しさがにじみ、なかなかの詩人ぶりも見せている。ブログは逮捕翌日の二月三日の午前中にブログを運営するアメーバブログの判断により閉鎖されており、今は一部の魚拓しか見ることができないのが残念である。

逮捕後改めて言われているのは、清原のナイーブさだ。体格に恵まれ、グランドでのパフォーマンスが豪快だったゆえに、性格までも豪放であるかのような錯覚を見る側に与えてしまったのが、彼の悲劇の始まりだったかもしれない。その期待に沿うことと、自身も豪放な男にあこがれる気持ちが強かったのだろう。清原は、ナイーブな自分のありのままの性格を受け入れず、虚勢を張り続ける茨の道を選んだのだ。

巨人ファンは、清原は強いヒールなのだから何をしてもへっちゃらだろうと思って、不調の清原を容赦なく責めた。清原は、野球選手としての期待に加え、強い番長キャラへの期待にも応えなければならなかった。チンピラのようなふてぶてしい容姿の裏で、ナイーブな心がずたずたに傷ついていたことを思うと痛ましい。

そしてもう一つ清原に感じられるのは、人格形成期にすべてがうまく行き過ぎたからか、普通の人が自然に体得している、思い通りにならない現実を受け入れ適応する、平たく言うとあきらめて切り替えるという生きる術が、まったく身に付いていないということだ。巨人への執着も主砲への執着も頑なだった。引退や離婚などによる精神的なダメージも、いつまでも切り替えられずに蓄積させてしまう。これでは人生は苦しくなる一方だろう。

清原を覚せい剤に追い込んだのは、ナイーブさ、不器用さ、そして期待に応えようとする生真面目さだったのではないだろうか。

保釈から入院へ

三月一七日午後六時五二分、逮捕から四四日ぶりに、清原は、勾留されていた警視庁本部から保釈された。当初身元引受人がおらず、保釈がむずかしいのではとも言われていたが、結局高齢で病気がちの父親が引き受け五〇〇万円の保釈金を収めての保釈となった。

当日は徹夜組も含め、早朝から二〇〇人の報道陣が集まり、保釈時には五〇〇人になっていた。しかし清原が姿を見せることはなく、清原を乗せて地下駐車場から現れたボックス車の後部座席には黒い布が張られ、様子を知ることはできなかった。

車を追ってのカーチェイスが繰り広げられ、辿り着いたのは千葉県松戸市の千葉西総合病院だった。保釈に先立って警視庁を通じて発表されたコメントでは、謝罪し更生を誓うと共に、周辺道路の安全のため、警視庁の意向で直接の挨拶を控えたこと、持病の糖尿病の治療のためにしばらく入院することなどが述べられていた。

糖尿病や覚せい剤によるダメージで清原の体はボロボロなのだろう。ここで逮捕されることで、これまでの生活に区切りがつけられたのはむしろ幸いだったといえよう。

群馬の密売人

清原の逮捕から一三日後の二月一五日、一人の男が沖縄で身柄を確保された。清原に覚せい剤を売っていた小林和之だ。清原が群馬県や栃木県に行った後に都内のホテルに入るという行動を繰り返していたことから、警視庁は、覚せい剤の入手経路の一つとして群馬県在住の小林を割り出した。

清原は一年以上前から、小林と北関東自動車道を移動しながら接触し、多い時は月に四回も覚せい剤を購入していたという。最後の購入は逮捕三日前の一月三一日だった。「今大丈夫ですか」「ありますか」「じゃあ一つお願いします」、これがその時に電話で交わされたやりとりだ。「一つ」とは「一パケ（〇・六グラム）と注射器二～三本を四万円で」の意味だった。いかにも慣れた感じである。

清原に先立ち、四月二七日、東京地裁で小林の初公判が開かれた。小林は覚せい剤を清原に譲渡したことを認めたが、それは金儲けのためではなかったという。清原の「信者」だったので、仕入れ値で譲渡し、時にはおまけも付けていて赤字だった。覚せい剤の入手先については、「地元が田舎なので言うと怖い」として、証言を拒んだ。

小林の逮捕で群馬の密売組織が知られるところとなったが、小林は最末端の売人の一人にすぎない。トカゲの尻尾切りで終わらせず、これを突破口に本丸に迫ってほしいところである。

初公判、そして判決

二〇一六年五月一七日、東京地裁で清原の初公判が開かれた。雨が降りそぼる悪天候の中、二〇の一般傍聴席を求めて三七六九人が抽選会場の日比谷公園に列を作った。多くは彼のファンであり、中には関西や名古屋からはるばる駆けつけた人もあった。

久々に公の場に姿を見せた清原は、白いシャツに紺のスーツとネクタイといういでたちで、ひげはなく逮捕時より髪が伸びていた。一礼して証言台に立ち、職業を尋ねられると、「無職です」と答える。風貌と態度は堂々としていたが、覇気のない声だった。覚せい剤の所持、使用、譲り受け容疑について「間違いありません」と小さな声で答え、起訴内容を認めた。

検察の説明によれば、清原が覚せい剤を使い始めたのは、遅くても現役引退後の平成二十年頃だったという。引退により目標を失い、またケガをした左足が不自由になったこと、希望する野球の仕事に恵まれなかったことなどから、心の隙間を埋めるために覚せい剤を使うようになったというのだが……。使い始めた時期と理由の関係にはどうにも無理があるように見える。「いつから」「どうして」ということは、大衆にとって大きな関心事なのだが、裁判においては、どうせ立証不能ということであまり重視されない。そして清原に限らず、被告の側は自分の不利になることをわざわざ「バカ正直に」言わないものだ。だから残念ながら、この部分の真実が明らかになることはないのかもしれない。

法廷には、当事者の清原の他にもう一人、注目の人物がいた。情状証人の佐々木主浩である。佐々木と清原は同学年で、長年ライバルであり親友だった。保釈後すぐに清原は佐々木に電話して、情状証人になってくれるよう依頼した。佐々木の周囲には反対する声もあったというが、それを押し切って、清原のために一肌脱ぐことを選んだ。

証人尋問で佐々木は、清原との親交を語り、清原と一緒に野球を通じた更生の道を探っていきたいと述べ、「被告が再びやったらどうしますか」との問いに「二回目（再犯）はないと思います」と答えた。二人の友情が伝わって感動的ではあったが、更生方法については具体性に欠けて心もとない印象が否めず、身内でない者の限界を感じさせた。本来情状証人には身内が望ましいのだが、父は病身、母は認知症、妻とは離婚、弟とは疎遠で、清原には頼れる身内がいないのだ。

検察は懲役二年六カ月を求刑し、弁護側は保護観察・執行猶予付きの判決を求めて結審した。そして、五月三一日、東京地裁は懲役二年六カ月、執行猶予四年の判決を下した。

四十代の覚せい剤使用者の再犯率は七〇パーセントを超える。希望通り執行猶予となったが、内と外からの誘惑が猛然と襲って来るはずだ。それを振り切って、本当に薬物と決別できるのか。清原の死闘はこれから始まるのである。

覚せい剤におぼれ、嘘をついてファンを裏切った清原だが、多くのファンはそんな弱さやダメっぷりを含めて、今も清原を愛し応援している。更生して、心からのピュアな笑顔を見せてくれる日が来ることを願ってやまない。

2 ＡＳＫＡ

薬物と女にまみれた国民的アーティストの素顔

二〇一四年覚せい剤取締法違反（懲役三年、執行猶予四年）

あすか。一九五八年生まれ。歌手、作詞家、作曲家、編曲家。

一九七九年、チャゲ＆飛鳥（現・ＣＨＡＧＥ　ａｎｄ　ＡＳＫＡ）としてデビュー。八〇年代は光ＧＥＮＪＩに提供したシングル『ＳＴＡＲ　ＬＩＧＨＴ』『ガラスの十代』『パラダイス銀河』が立て続けにヒットしソングライターとしての地位を確立。九一年に『ＳＡＹ　ＹＥＳ』、九三年『ＹＡＨ　ＹＡＨ　ＹＡＨ』が大ヒット。国民的デュオであり、アジア人気も高い。二〇〇九年より、ＣＨＡＧＥ　ａｎｄ　ＡＳＫＡを休止し、ソロ活動に専念していた。

くすぶり続けていた薬物疑惑

二〇一四年五月一七日、国民的アーティストＡＳＫＡが覚せい剤取締法違反容疑で逮捕された。それは驚きと共に、「ついに」「やっぱり」と思わせるものだった。ＡＳＫＡの薬物疑惑は、一年近く前からくすぶり続けていたからだ。

世間が最初にＡＳＫＡに対する違和感を覚えたのは、二〇一三年六月一一日だった。八月に予定されていたＣＨＡＧＥ and ＡＳＫＡとしてのスペシャルライブの開催を一二月に延期したのだ。理由は、医師から「一過性脳虚血症の疑いで静養の必要がある」との診断を受けたというものだった。すると七月二四日、『東京スポーツ』が「大物ミュージシャンＸ」が薬物中毒に陥り、それを理由に反社会的勢力から脅されていることを報じた。ＡＳＫＡを強く連想させる記事だった。発信元が『東スポ』であることに加え、あまりにも衝撃的な内容だったこともあって、世の中の受け取り方はまだ「半信半疑」だった。

続いて七月三一日には『週刊文春』から「シャブ&ＡＳＫＡの衝撃」という見出しで、ＡＳＫＡを名指しする最初の覚せい剤疑惑報道があった。記事はＡＳＫＡが覚せい剤の売人に吸引の様子を隠し撮りされ、そのビデオで脅され金を要求されていることを詳細に報じた、信ぴょう性の感じられるものだった。これを受けてメディアが一斉に動き、ＡＳＫＡの目黒区の自宅にも報道陣が詰めかけたが、ＡＳＫＡは行方をくらましており、ますます怪しさに拍車をかけた。

八月一日、所属事務所は「報道の内容は事実に反しており、大変遺憾です。弊社としてはこれらの報道に対し、厳重に抗

さわやかなイメージは過去のもの

議いたします」と否定はしたものの、その後『週刊文春』に抗議することはなかった。『週刊文春』によれば、事務所社長もすでに四月にビデオを見ており、ＡＳＫＡの所業に頭を抱えていたという。

ＡＳＫＡに対する捜査はこの報道を受けて本格的に始まり、この後九カ月をかけて、証拠を積み上げていくことになる。

翌二日には『女性自身』の記者が福岡のＡＳＫＡの父の元を訪れている。ＡＳＫＡの父は元自衛官で子供たちに剣道を指導している勤厳実直な人物だ。『東京スポーツ』の記事が出た後、父の元にはＡＳＫＡの妻から、「あんな記事のことはお父さん心配しなくていいから」と電話があったという。父は『週刊文春』の記事に関しても「根も葉もないこと」と否定した。ライブの延期が発表される少し前の六月三日には、父子で剣道の大会に出場している。そんな息子が「薬漬け」であるわけがないと、この時父は信じていた。

最初の記事から二カ月後の一〇月、『週刊文春』はＡＳＫＡにインタビューを行っている。それはＡＳＫＡの方から持ちかけてきたという。ここでＡＳＫＡは「使っていたのはアンナカ（安息香酸ナトリウムカフェイン）」だとして覚せい剤の使用を否定した。一方で暴力団と交際があり、ビデオをネタに五千万円を支払うよう脅迫されていることは認めた。この記事が出た後事務所は「（記事は）本人が承諾したものではない」と主張し、同時にＡＳＫＡは活動自粛に入る。

愛人宅での現行犯逮捕

表舞台から姿が消えて薬物疑惑や健康不安が渦巻く中、二〇一四年四月二九日、ＡＳＫＡは親友の玉置浩二のライブに飛び入り参加し、パワフルな歌声を披露した。さらに『週刊女性』がＡＳＫＡを自宅で直撃した際も元気さをアピールしていた。そんな様子に、もう大丈夫、と関係者やファンが安堵していた矢先、ついにＡＳＫＡは逮捕される。

五月一七日朝、ＡＳＫＡが滞在していた東京・南青山のマンションに捜査員が訪れ任意同行した。続いて、一緒にいたこのマンションの住人の女性、栩内《とちない》香澄美を逮捕する。警視庁湾岸署での取り調べで、ＡＳＫＡは覚せい剤所持・使用の容疑を否認し、「使っていたのはアンナカ」だと主張した。しかし尿検査の結果、覚せい剤と合成麻薬ＭＤＭＡの陽性反応が出た。栩内からも覚せい剤の陽性反応が出た。

さらに警視庁は栩内の自宅と目黒区のＡＳＫＡの自宅の家宅捜索を行った。その結果、栩内の自宅からは薬物は見つからなかったが、ＡＳＫＡの自宅からは数十回分の覚せい剤とＭＤＭＡ約九〇錠、尿検査用のキットなどが押収された。

捜査員が踏み込むまでには、入念な内偵をしていた。ＡＳＫＡが栩内の住むマンションに出入りしていること、それも週末に行き朝帰りするパターンであることをつかみ、栩内の自宅から出されたごみから、覚せい剤反応の出るティッシュペーパーを見つけた。ティッシュペーパーは二人の性行為で使われたものであり、強い快楽を得られるシャブセックスに耽るために、覚せい剤を使用していたと見られた。この裏取り捜査には、ＡＳＫＡの妻の協力もあったという。

なお、逮捕から二日後の一九日、ユニバーサルミュージックとヤマハミュージックコミュニケーションズは、ＡＳＫＡのソロ作品などの出荷・配信の停止を発表している。

ASKAと栩内とパソナの闇

栩内とはどんな人物で、ＡＳＫＡとはどこで知り合ったのか？　この栩内との関係が思いがけない企業の闇へとつながっていく。

栩内は青森県出身で事件当時三七歳。大手人材派遣会社パソナのグループ企業の社員だった。しかし普通の社員ではなかったようだ。『週刊文春』（二〇一四年五月二九日号）は、以前栩内と一緒に働いていたという女性の興味深い話を載せている。

「栩内さんは異例の厚遇をされていました。今住んでいる南青山のマンションは家賃二十万円超ともいわれますが、会社が借り上げてくれたものです。立場は〝秘書〟ということになっていましたが、タイムカードは押さなくていいし、幽霊社員のようなもの。よく見ると持ち物はブランド品ばかりでしたし、グループ内の別会社からお手当が出ているのではないかと言われてました。たとえ会社

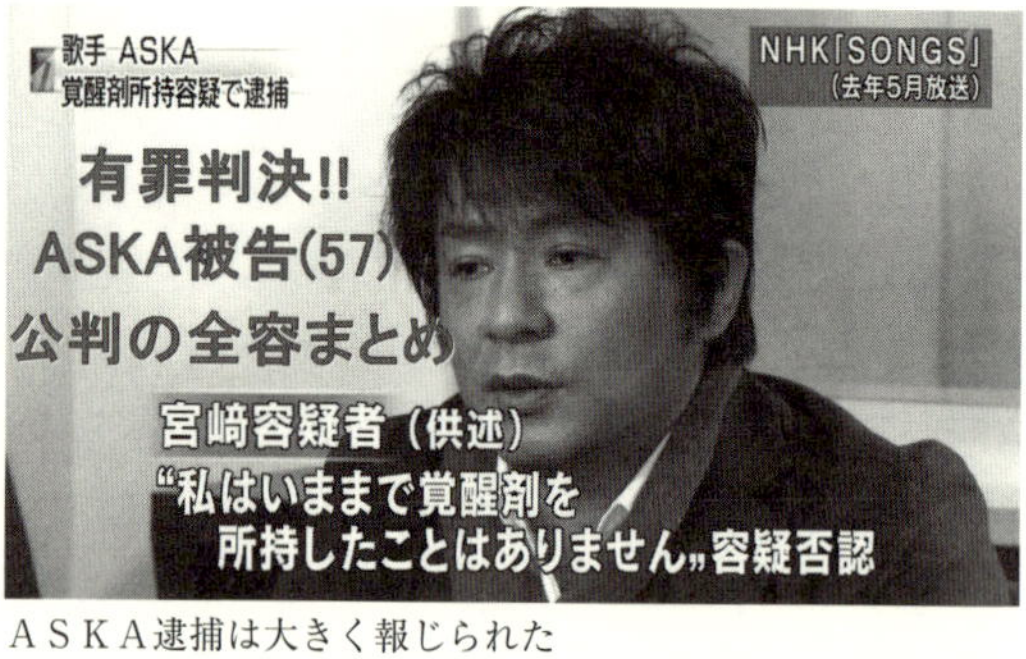

ＡＳＫＡ逮捕は大きく報じられた

がつぶれても、すぐに別のグループ会社に転籍できる〝特権的〟な立場でもありました」

では栩内は何をしていたのか？

パソナは元麻布に、政財界のＶＩＰを接待するための施設「仁風林」を持っており、ここでパーティーを開くなどしてＶＩＰをもてなしている。栩内は南部靖之代表お気に入りの接待要員だったという。そしてＡＳＫＡもまた、パソナのイベントやパーティーで歌を披露する、接待要員のお抱えアーティストだった。栩内とＡＳＫＡはパソナでの接待の仕事を通じて知り合ったと考えられる。

パソナの南部代表は安倍晋三をはじめとした多くの大物政治家とつながっている。その最たるものは、元大臣で現在は民間人として政界に強い影響力を持つ竹中平蔵をパソナ会長に迎え入れていることだ。政界と深くつながることで、自らの事業にとって都合のよい政策をすすめてもらう。仁風林での接待は、この人脈作りのために役立っていた。

二〇〇一年、ＡＳＫＡが『笑っていいとも』（フジテレビ系）に出演したことがあったが、この時背後には南部から届けられた花が飾られていた。またのちに自分のブログの中で南部と思われる人物を絶賛していることからも、南部とは長い間親しい関係にあったことがうかがわれる。パソナは何かを生み出すのではなく、本来ならヤクザのシノギであるような「ピンはね」で、労働者の生き血を吸って大きくなってきた企業で、日本の中間層を痩せ細らせ、日本を劣化させる旗振り役のような存在である。覚せい剤の問題以上に、ＡＳＫＡがそのような企業と結びつき、間接的に労働者いじめに加担してきたことを忘れてはならないだろう。

企業オーナーによるVIP接待といえば、押尾学事件で知られるようになった野口美佳の「ヤリ部屋」が連想される。「仁風林」はそれよりは上品で洗練されているのだろうが、やはり覚せい剤を使っていたのがASKAと栩内だけなのかは疑われるところである。また、薬物には無関係だったとしても、パソナの政界との癒着自体が非常に問題が多い。しかしながら、権力と深くつながるパソナに追及の手が伸びることはない。この事件は、ASKAと栩内の個人的な情事と薬物の話に歪小化されていく。

保釈後は病院へ直行

二〇一四年七月三日夕方、ASKAは七〇〇万円の保釈金を納め、四八日ぶりに保釈された。東京湾岸署の正面玄関前には約三〇〇人の報道陣と約五〇人のファンが集まり、上空ではヘリコプターも旋回して騒然としていた。さらにテレビ中継で日本中が注目する中、ASKAは黒のスーツ姿で現れ、無言で深々と頭を下げるとワンボックスカーに乗り込んだ。

報道陣の車やバイクが追跡すると、辿り着いたのは、東京・ミッドタウン六本木の地下駐車場だった。ASKAはそこで別の車に乗り換えて、千葉県にある国立病院機構下総精神医療センター向かった。七時頃、医療センターに着くと、待っていた家族と久しぶりの対面を果たした。そこでの入院治療を決めたのは妻だったという。

この日は後から報道各社にASKAからFAXが届いた。そこには以下のような文面が綴られていた。

「本日、裁判所に保釈を許可いただきました。

この機会に、これまで私の音楽を聞いてくださったファンの皆さま、関係者の皆さまに　今回の事件でご迷惑とご心配をおかけしましたことについて心よりお詫び申し上げます。

私は二度と同じあやまちをしないと決意しています。

その決意をさらに強くしていくために、私は裁判まで医師の指導を受けます。

そして自分に向き合いたいと思います。

現在は裁判を待つ身でありますので、この書面をもって私の気持ちを伝えさせていただ　きます。

どうかご理解ください。

皆さまにご迷惑とご心配をおかけしておりますことを重ねてお詫び申し上げます。

平成26年7月3日　ＡＳＫＡ」

この後ＡＳＫＡはこの病院で七週間の更生プログラムを受けたあと、リハビリのため群馬県藤岡市の更正施設ダルクに二カ月間入所し、年末に自宅に戻ったと見られる。妻の洋子さんは、覚せ

7月3日、保釈された

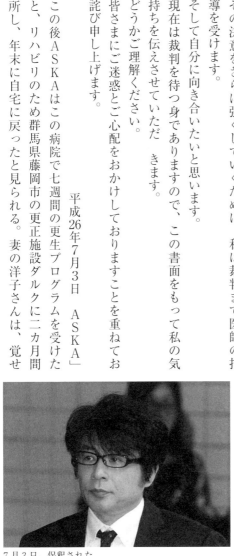

い剤と不倫で二重に裏切られたにもかかわらず、献身的に見舞いに通っていたという。

栩内の初公判とＡＳＫＡの判決

二〇一四年七月二二日から、ＡＳＫＡに先立って栩内の公判が東京地裁で始まった。栩内は逮捕された五月一七日の時点で尿と毛髪から陽性反応が出たことについて、「鑑定のミスか、第三者が自分の知らない間に使用した」と主張した。第三者とはＡＳＫＡということになる。

栩内はＡＳＫＡの覚せい剤使用は知らなかったとし、尿検査については、逮捕された日にＡＳＫＡが避妊具なしで性行為を行ったことにより、ＡＳＫＡの精液が混入した可能性を主張した。また、毛髪については、汗かきのＡＳＫＡの汗が毛髪についたためではないかと述べた。六月七日の二回目の鑑定では陰性の結果が出ていることから、もともと覚せい剤は体内に存在しなかったと主張した。

また公判では、二人は二〇〇二年にパソナの食事会で出会い二〇〇四年から交際を始めたことが明らかにされた。情事にまつわる生々しい話が展開し耳目を集めたが、それは栩内の背後にいるパソナ関係者に関心を向けさせないための戦略ではないかという声もあった。栩内はこの後も強硬に無罪を主張し、公判は六回まで重ねられていくことになる。

一方ＡＳＫＡは、八月二八日、東京地裁で行われた初公判で、起訴内容を大筋で認めた。公判では、家族から薬物使用を疑われ、二〇一三年四月から検査キットで週に一、二回の検査を義務付けられていたことが明かされ、妻・洋子さんから預かった更生を願う手紙が読み上げられた。ＡＳＫＡ本人も更生への決意を述べた。

注目を集めたのは、検察が栩内との関係をＡＳＫＡに執拗に問い質したことだった。容疑を否認している栩内の主張を覆すのにＡＳＫＡの証言が重要になるからだ。「栩内との性行為中に覚せい剤を使ったか」などの問いに対しＡＳＫＡは「そのようなことはありません」と否定したが、そうであれば栩内の主張と矛盾する。一方でＡＳＫＡは栩内を「大事な人」と答え、未練をにじませた。

九月一二日、懲役三年、執行猶予四年の判決が言い渡され、ＡＳＫＡはこれを受け入れ二七日に刑が確定した。

否認を続けた栩内

ＡＳＫＡが結審した後も、栩内は容疑を否認し続けた。

九月九日には第二回公判が開かれ、検察は新たに栩内の自宅のエアコンからも覚せい剤成分が検出されたとする鑑定結果を証拠として提出したが、弁護側は「栩内に隠れてＡＳＫＡが覚せい剤を吸引した際にエアコンのフィルターに付着した」とし、栩内の覚せい剤使用を否定した。

一〇月二日の第三回公判では、「尿から出た覚せい剤反応は性行為の際のＡＳＫＡの精液が混入したもの」とする栩内の主張に対し、検察側証人として出廷した、栩内の尿検査を担当した男性検査員が、「それはないと思います」と断言し否定した。同検査員によると、精液が尿に混入して陽性になるためには、少なくとも三七〇回の射精が必要な計算になる。また同検査員は、検査態勢は三段階で行われ、万全であることを強調した。

しかしその後の被告人質問でも栩内は「ASKAさんとの関係によるものだと思います」と主張し、逮捕当日の性交渉について生々しく証言した。

一〇月九日、逮捕以来五カ月近く身柄を拘束されていた栩内は、三〇〇万円の保釈金を納め東京拘置所から保釈された。

一〇月二二日、第四回公判では、「ASKAの覚せい剤使用は知らなかった」とするこれまでの供述を翻し、ASKAの覚せい剤使用を疑い、やめるように訴えていたと証言した。また、ASKAに第二の愛人がいたことを明かした。

一一月二五日の第五回公判は、栩内の第三次毛髪検査の申請が棄却され、証拠調べがすべて終了。

一二月一一日、第六回公判では検察側が懲役二年を求刑。しかし栩内は無実を主張し続けた。

二〇一五年一月一三日、懲役二年、執行猶予三年の判決が言い渡され、栩内は一月二〇日に控訴した。

五月一四日、控訴審初公判が東京高裁で開かれ、栩内はこれまでどおり、栩内の体内や自宅から出た覚せい剤反応はすべてASKAに原因があるとして無罪を主張した。栩内はASKAの承認出廷を申請したが却下され、ASKAと弁護士のメールなどの新たな証拠書類も却下されて、逆転無罪は苦しい状況になりつつあった。

七月一六日、「一審判決に不合理な点はない」として控訴は棄却された。

ASKAと暴力団ルート

この事件では、ASKAと栩内の他に二名が逮捕されている。ASKAに薬物を売った売人である。二〇一四年八月二一日、警視庁は、指定暴力団住吉会系幹部安成貴彦と無職柳生雅由を、三月二四日に目黒区のASKAの自宅ガレージで、MDMAの錠剤一〇〇錠を五〇万円で売り渡した疑いで逮捕した。柳生が注文を受け、安成に発注していたという。のちにASKAは柳生との付き合いの様子をブログで記している。逮捕を受けて当局は、二人の自宅や住吉会系傘下の大昇会の関連施設数カ所を家宅捜索した。

ASKAは取り調べに対して、暴力団ルートをしゃべったといわれていた。一般には薬物の入手ルートについては、後の暴力団からの報復を怖れて口を割らないことが多い。ASKAもそれはわかっていて、入院先の病院で、薬の副作用と相まって、神経質に怯えている、などと噂されていた。

大昇会は新宿歌舞伎町を中心に暗躍する住吉会系の三次団体で、武闘派ヤクザとして恐れられていた。そして大昇会は「新宿の薬局」と呼ばれるくらい薬物の扱いが豊富で、特にMDMAの供給元としてはとても有名だった。ここから薬物を購入している芸能人や著名人も少なくないといわれていた。

警視庁組織犯罪対策五課では二〇一三年一〇月から大昇会の捜査を進めていたが、ASKA事件はそれに弾みをつけるものとなった。

二〇一五年六月一四日には、大昇会幹部が逮捕された。それまでにＡＳＫＡらを含む組織関係者と客ら計七二人が逮捕され、覚せい剤一・五キロ（末端価格一億円）など大量の薬物が押収されて、壊滅的な打撃を受けていた。

ここの顧客として、ＡＳＫＡ以外にも多くの有名人が浮上しており、芋づる式の逮捕の可能性がいわれていた。清原の逮捕はその一環とも見られている。

告白ブログの衝撃

二〇一六年一月九日夕方、ずっと沈黙していたＡＳＫＡが突然、ブログをインターネット上に公開した。数時間後の一〇日未明には削除されたが、その内容はいろいろな意味であまりにも衝撃的だった。削除後もキャッシュでネット上に残され、今も誰でも読むことができる。

ブログは二〇項目から成る、九万五〇〇〇字にも及ぶ長いもので、これまでの音楽活動や事件についてなど、様々なことが詳細に書かれていた。ＡＳＫＡがアップしたものの、気づいた家族が慌てて削除したと見られる。

このブログを目にした者は誰しも、これをどうとらえるべきなのか大きく戸惑うことになった。文章はしっかりしているのに対し、内容は妄想と現実が交錯し、覚せい剤による精神障害の症状が色濃く出ているように見えた。

まず目を引くのが、「集団ストーカー被害に遭っていた」という記述である。ＡＳＫＡは集団ストーカーの手口を詳細に記し、覚せい剤の影響による被害妄想といわれることに対しても反論している。荒唐無稽な話でありながら、部分部分を見ればロジカルで辻褄が合っているのが何とも気味が悪い。覚せい剤の売人である裏社会の人物たちとの交流、薬物を使う際の様子や使用感などの詳細な記述はとても興味深いものだ。ただ事件に関わることには、全般に自己弁護のフィルターが懸かっているようにも感じられる。

栩内に対しては、責任をＡＳＫＡに帰する弁護方針に戸惑いを見せながらも、冤罪であると栩内を庇い、警察の検査に疑いを呈している。一方で、親身になって彼を心配する妻や子供たちに対する思いは一切綴られておらず、家族に対する同情の声が上がった。

それにしても、せっかく世間の事件に対する記憶が薄れかけていたところにわざわざこんな燃料を投入し、薬物のイメージを上書きすることは、ＡＳＫＡ自身にとって大きなマイナスにしか見えない。彼がブログの中で批判しているメディア報道よりよほどダメージが大きいのではないだろうか。おそらく、後先を考えないこのような「奇行」そのものが、覚せい剤使用の後遺症なのだろう。

ミュージシャンは薬物事件の後復活するケースも多いが、音楽のイメージとは裏腹の、じっとりと重たい素顔を見せてしまったＡＳＫＡの復活は、前途多難なように思われる。

3　酒井法子

堕ちたトップアイドル

二〇〇九年　覚せい剤取締法違反（懲役一年六カ月、執行猶予三年）

さかい・のりこ。一九七一年生まれ。元アイドル、女優。
一九八七年『男の子になりたい』でシングルデビューするとたちまちトップアイドルになり、女優としても数々のヒット作を生む。結婚・出産後もママドルとして人気は衰えず、中華圏にも活躍の場を広げるなど、事件まではずっと芸能界の陽の当たる場所を歩んでいた。

過熱報道された逃走劇

酒井法子の覚せい剤使用が明るみになった発端は、二〇〇九年八月二日深夜、夫高相祐一が渋谷の道玄坂で警察に職務質問されたことだった。のちに本人が語ったところによれば、この時高相は道玄坂近くの風俗店に行く途中だった。トップ芸能人の妻がありながらも、高相は時々風俗店を利用していたという。

繁華街とあって人通りが多く、高相が「俺の女房はタレントの酒井法子だ」などと大声でわめいたこともあって、野次馬が集まっていた。高相が電話で「職務質問されている。どうしたらよいか」

と助けを求めたので、酒井は父のように頼っている七十代の建設会社会長A氏とともに車で現場に駆けつけた。

警察は高相に、薬物の所持がないか下着の中を確認したいと申し出たが、高相は拒否、酒井は「夫は下の病気だから、検査するのは困るんです」などと夫を庇った。結局、野次馬が多いこともあり「有名人だから車に入ってもよいか」と話をつけ、A氏の車の中で検査をしたところ、高相の下着の中から覚せい剤〇・八一七グラムが見つかった。高相はその場で現行犯逮捕された。

酒井も警察への任意同行を求められたが、「子供を預けているので、後から警察に行く」と言って拒否し、A氏の車に乗って現場を立ち去った。しかし現場から一五〇メートルほどしか離れていない渋谷で「子供を預けているから行きたいんです」と車を降りた。この時、「明日から大騒ぎになる」と取り乱した様子だったという。

ところが酒井はこの後、子供を預けていた家には向かわずに、大急ぎで覚せい剤を抜くための逃走の準備に取り掛かる。南青山の自宅マンションに一人で直行し、二〇分ほどで荷造りをすると大きな荷物を抱えてマンションを出た。その後、新宿・歌舞伎町の量販店で大量の下着やカップ麺、ミネラルウォーターなどの食糧を買い込み、ATMで四〇万円を引き落としてから、未明のうちに知人の女性のもとに向かったと見られる。

八月三日午前一一時頃、酒井は再びA氏に電話を入れた。そしてA氏と合流し、酒井の継母、知人女性、運転手の総勢五人で、継母の故郷である山梨県身延町へ向かい、継母の妹宅に一泊した。

A氏の車で道玄坂を立ち去った時から、マネージャーや家族は酒井と連絡が取れなくなっていた。八月四日、酒井の身を案じた所属事務所のサンミュージックと義母が赤坂署に捜索願いを出したことで、酒井の失踪が明るみになり、マスコミは騒然とした。この時点ではまだ子供と共に失踪したと思われており、「夫の逮捕にショックを受けた酒井が、子供と一緒に自殺するのではないか」と不安視された。サンミュージックの相沢社長は「最悪の事態は避けたい」と語り、メディアも酒井に同情的な論調だった。四日午後三時に山梨県・身延山付近で携帯電話の微弱電波がとらえられたが、それを最後に足取りの手掛かりは途絶えた。

八月五日には、酒井は山梨県から東京・大和市のA氏所有のマンションに移っていたが、警察もマスコミも携帯電話の電波が途絶えた山梨県付近で酒井を探していた。

八月六日午後七時頃、都内の酒井の知人宅で長男の無事が確認され、酒井が子供を同行していなかったことが判明する。知人女性には酒井から、手紙と共に、子供の養育・保護費とみられる五〇〇万円の現金が渡されていた。

息子の保護を報道で知った酒井は、A氏の兄の所有する神奈川県箱根町の別荘に移動した。

八月七日午前、南青山の酒井のマンションに家宅捜索が入り、化粧ポーチに入った微量の覚せい剤と、酒井の唾液の着いた吸引用ストローが見つかった。夫の高相の「妻もやっていた」という供述もあり、酒井にも逮捕状が出された。酒井が「悲劇の妻」でなく自身も覚せい剤使用犯であることが明るみになり、日本中が驚愕した。

八月八日午後七時五五分、酒井は文京区内の警視庁の施設に弁護士と親族に付き添われて出頭する。取り調べに対し「詳しく覚えていないが、私の部屋に（覚せい剤が）あったとすれば、その通りで間違いない」と所持を認め、八時五五分に逮捕された。供述では覚せい剤を体から抜くために逃走したことも認めた。確かに一週間ほどで覚せい剤は排せつされ、尿検査での検出は困難になる。しかし毛髪検査では覚せい剤反応が認められ、乱用していたことが明るみになった。

この酒井の逃走劇は高い関心を呼び、連日センセーショナルに報道された。

八月二一日、警視庁は千葉県勝浦市の酒井夫妻の「のりピーのピンクハウス」と呼ばれていた別荘を家宅捜索、微量の覚せい剤と吸引器が見つかったことから、夫の高相を再逮捕した。ちなみに、この別荘は九月、出火により全焼している。

八月二八日、酒井は覚せい剤取締法違反で起訴され、それに伴いサンミュージックとビクターエンタテインメントは酒井との契約を解除した。なお、サンミュージックはこの不祥事により、五億円の損害賠償を肩代わりしたことが、二〇一二年の酒井の復帰の際に明らかになっている。

九月一〇日、七月に家族で滞在した奄美大島のホテルでも覚せい剤を使用したとして追送検された。

九月一七日、保釈され、黒のパンツスーツ姿で謝罪の記者会見を行った。会見のセッティングを行ったのはサンミュージックで、表向き契約解除しながらも、その後もなにくれとなく酒井の面倒を見ている。

一〇月二六日から東京地裁で公判が始まり、出廷した相沢社長の言葉に涙ぐむ一幕もあった。酒井は「夫と離婚して覚せい剤を断ち切りたい」「芸能界を引退して介護の仕事をやりたい」などと述べた。この公判は高い関心を集め、多くの傍聴希望者が押しかけた。

一一月九日、懲役一年六カ月、執行猶予三年の判決が言い渡された。

高相祐一とは

酒井は福岡県の山口組系組長の娘という出自であるが、それをうまく悲劇のヒロインキャラに転化し、自身は清純派芸能人として順調に歩んできた。アイドル時代は「ノリピー語」で一世を風靡し、女優としては『一つ屋根の下』(フジテレビ系)、『星の金貨』(日本テレビ系)などの主演ドラマを大ヒットさせている。自ら歌った『星の金貨』の主題歌『碧いうさぎ』はミリオンセラーとなり、一九九五年には『NHK紅白歌合戦』に出場した。香港、台湾、中国など中華圏への進出にも成功し、日本をしのぐ人気を獲得している。この間の唯一のスキャンダルは、ヒットドラマの脚本家野島伸司との交際だったが、ダメージよりはむしろ、アイドルからの脱却の好機となった。

野島と別れた後、酒井はマリンスポーツをたしなむようになった。夫となる高相祐一とは木梨憲武の紹介で知り合ったというのが定説だったが、高相がトークショーで語ったところによれば、テレビ番組で酒井にサーフィンを教えたことが知り合ったきっかけだったという。そして高相が、酒井を覚せい剤の道に誘うことになる。

高相は一九六八年に大手スキーショップ「ＪＩＲＯ」経営者の長男として生まれ、青山で育ったボンボンである。一九九八年に「できちゃった結婚」が発表された時には「玉の輿」ともいわれた。しかし高相は根っからの遊び人で「プロサーファー」という肩書も自称にすぎず、酒井との結婚前からドラッグジャンキーだった。ただしこれまで言われていたように、結婚前後から酒井を薬物の道に連れこんだわけではないようだ。

『アサヒ芸能』の取材によると、高相は中学二年でサーフィンを始めた直後に大麻を初めて吸い、覚せい剤は二〇歳頃に覚えた。「青山という街で育って、両親とも忙しくて家にいない、多少の金ももらっていたし、当時はドラッグの誘いって誰にでもあって……」と薬物が身近な存在だった当時の様子を語る。ちょうどチーマーの全盛期だった。以来大麻はずっと使っていたが、覚せい剤はそれほどは使っていなかったそうである。

酒井に覚せい剤を教えたのは結婚して五年ぐらいを経た二〇〇三年頃で、きっかけは隠れてやっているところを見つかったことだったという。その後酒井はすっかり覚せい剤にハマり、ジャンキー御用達のクラブなどで薬をキメて弾ける姿がよく目撃されるようになっている。責任は自分にあり、酒井に対して悪いことをしたという気持ちは一貫

酒井に薬物を教えた元夫の高相

して持ち続けているらしい。

若い頃から長年薬物に漬かっていた高相の更生は容易ならざるもののようだ。二〇一二年六月にはAMTという危険ドラッグで麻薬及び向精神薬取締法違反で逮捕されており、それ以外にも薬物使用の噂が上っている。更正施設ダルクへの入所や入院治療を経てもなかなか断ち切れないという。世間の風当たりも厳しく、社会復帰は遠い道のりのようである。

厳しい復帰への道

二〇一〇年六月、高相との離婚が成立し、過去を断ち切った酒井は復帰への道を歩み始める。一二月には自叙伝を発売し、そのPRを兼ねて事件後初めてテレビ出演した。

本格的な復帰は執行猶予期間の終了した二〇一二年一一月の舞台出演だった。しかしその後の歩みは順調とは言いがたい。かつては、芸能人が不祥事を起こしても反省を示し禊（みそぎ）を済ませれば許してもらえる寛容さがあった。しかし、近年はコンプライアンスがどんどん厳しくなっている上、長引く不況や震災のダメージなどのせいか、人々の心から寛容さもなくなってきている。特に清純さで売っていた酒井の裏切りを、世間は簡単には許さない。公判では「芸能界を引退して介護の仕事をやりたい」と言っておきながら、介護の仕事ではなく芸能界に当然のように戻ってきた、というのもすこぶる心証が悪い。二〇一三年、『さんまのまんま』（フジテレビ系）に出演するも、関東圏では放送されなかった。視聴者の声を気にするテレビ局はなかなか酒井を解禁することができないという事情がある。また二〇一四年『東京ボーイズコレクション』に出演した際には、観客の一人から「まだシャブやってんでしょー」などと罵声を浴びせられた。事件後でも人気があった中国に活路を見いだそうとしたこともあったが、やはり薬物のイメージが邪魔をしうまくいかなかった。

女優としても歌手としても、事件前のようには仕事ができなくなった酒井は、一時期パチンコ営業で糊口を凌いでいた。しかしそれもまた、メディアに採り上げられると批判され、さらにイメージを下げることになった。清原やＡＳＫＡなど有名人の薬物事件が起きるたびに酒井の事件が蒸し返され、人々の記憶に上書きされる。また元夫の高相が表に出てきて、過去をペラペラとしゃべることも、酒井のイメージにとって大きなマイナスとなった。

現在もまだ、酒井を地上波で見かけることはほとんどない。最近はディナーショーで食いつなぐ日々だ。幸いショーの人気は高いという。しかし事件まではずっとちやほやされ、陽の当たる場所を歩んできた酒井にとっては辛い日々だろう。事件当時三八歳だった酒井ももう四五歳である。かつてのトップアイドルは、ダーティーなイメージから脱却できないままにくすぶり続け、いたずらに年を取り劣化が進んでいる。覚せい剤におぼれた代償はあまりにも大きかった。

復帰への道は厳しい

第二章

薬物事件　お騒がせの主役たち

1　小向美奈子

繰り返される逮捕と復活

二〇〇九年　覚せい剤取締法違反（懲役一年六カ月、執行猶予三年）／**二〇一五年　覚せい剤取締法違反**（懲役一年六カ月）

こむかい・みなこ。一九八五年生まれ。元グラビアアイドル、女優、タレント。渋谷でスカウトされ、一五歳でグラビアアイドルとしてデビュー。童顔とグラマーな体形で人気を博し、テレビ露出も多かった。事件後はＡＶ女優に転身。

事務所の解雇とタブーの暴露

覚せい剤で最初に逮捕される前年の二〇〇八年九月、小向は所属事務所リップから解雇された。その理由として事務所側は「本人の体調不良・精神不安定・音信不通状態なども幾度かあり、仕事上でも支障をきたすことがありました」「復帰に向けて動き出してきましたが、われわれの予想以上に困難な状態となり、これ以上本人の芸能活動を支えることが不可能と判断し、専属契約を解除する運びとなりました」と説明している。小向はもともとトラブルが多かったこともあり、事務所が匙を投げるのもやむを得ないと見られた。

この頃、かつてはふっくらしていた小向は異様な激ヤセをしていたので、覚せい剤の使用を疑う声があった。また小向には浜田雅功との交際の噂があり、浜田に捨てられたことが原因で精神を病み拒食症になったのではないかなどともいわれていた。

解雇によって小向は、収入が激減したのみならず、事務所が借り上げていたマンションを失って住所不定状態になり、生活はかなり追い詰められたらしい。

苦しまぎれもあったのだろうか、解雇の一カ月半後、『週刊ポスト』（二〇〇八年一一月二八日号）に「私が見た『副業は売春という悪夢』」と題した衝撃的なインタビュー記事が掲載される。この中で小向は「自分はやっていない」としながら、「アイドルを紹介することでお金を得ている人たちがいて、デートクラブみたいな仕組みができている。闇社会の人もいます」と芸能界の売春ネットワークの存在や闇社会とのつながりを暴露。また「絶頂期でも、普通のＯＬより給料が安かった」という薄給ぶりや、事務所の整形強要など、芸能界の数々のタブーにも触れた。

芸能界の売春や枕営業にまつわる騒動は時折表面化しており、決して根も葉もないことではない。それだけに、小向の告白はかなり危険だった。まだまだ爆弾を持っていそうな小向に、暴露本を期待する声もあったが、小向の逮捕でこの話題は立ち消えとなり、後追い記事もなかった。

最初の逮捕とストリップ出演

二〇〇九年一月二二日午後七時頃、小向は突然、東京・六本木の路上で、警視庁大崎署員に逮捕される。その容疑は、二〇〇八年六月、三十代の元交際相手の男と共に、東京都新宿区の男の自宅マンションで微量の覚せい剤を共同で所持したというものだった。『東京スポーツ』によれば、相手の男は、二〇〇七年にラジオ番組で共演した俳優だという。

大崎署は二〇〇八年六月、住居侵入の現行犯でこの男を逮捕し、家宅捜索したところ覚せい剤所持が発覚した。男が小向と覚せい剤を使用していたと供述したことから、同署は共犯と見て小向の逮捕状を取り、行方を探していた。

六本木で逮捕された時、小向は気温七度の中ミニスカ姿だった。逮捕状を見せると「覚せい剤というものは知りません」と即答したという。しかし任意同行され尿検査を受けると陽性反応があった。小向は「六本木のクラブで知り合いの外国人女性に勧められて、店内で吸引した」と供述した。

公判で検察側は小向が二〇〇七年六月から覚せい剤を使用していたと指摘。小向は「付き合っていた男から強要され、暴力や監禁もされて怖くなり、使用した」と話した。また逮捕時の使用については「酔っぱらった勢いで使った。仕事を解雇され、いろいろな負い目があって、やけ酒して勢いでやってしまった」と涙ながらに語った。懲役一年六カ月、執行猶予三年の判決が言い渡された。

公判の後、「同世代の女の子のように普通の生活を送りたい」と語った小向だったが、ほどなくストリッパーとしてスカウトされ、二〇〇九年六月五日から二五日間連続で浅草ロック座のステージに出演した。これは前所属事務所リップとの契約に反するものだったため、リップから出演禁止を求める仮処分の申請が東京地裁に出され、同裁判所による出演禁止命令の出される中での出演だったが、アイドル時代のファンで会場は埋め尽くされ、興行は大盛況となった。これ以降、小向は九〇センチの巨乳を武器に、ＡＶなどハダカの仕事で生きていく。

フィリピン逃亡からＡＶデビューへ

その後、執行猶予中の身ながら、ビートたけしの番組に出演したり、団鬼六原作のＳＭ映画で主演を務めるなど芸能活動を再開していた。しかし二〇一一年二月七日、警視庁は覚せい剤を譲り受けたとして、小向の逮捕状を取った。

前年の一〇月、警視庁が麻薬密売組織を摘発し売人と購入者を逮捕した際、売人から小向に売ったという供述があったことで、裏付け捜査が行われていた。しかし「任意で話を聞きたかったが所在がわからず、逃亡の恐れがあったため逮捕状を取った」のだという。

小向はその直後フィリピンに出国する。ところが報道陣がフィリピンにまで押し寄せ、ストレスフルな逃亡生活に音を上げて二五日には帰国、そのまま連行・逮捕された。しかし容疑を否認し、結局三月一八日、証拠不十分で処分保留となり釈放された。

この一件でお騒がせ女優として注目を集めた小向は、九月九日、アダルトビデオ制作会社アリスＪＡＰＡＮと専属契約し、一〇月一四日に発売された『ＡＶ女優　小向美奈子』でＡＶデビューした。するとこれが二〇万本を売り上げる大ヒット、小向は一躍売れっ子ＡＶ女優となった。

ついに実刑判決に

ＡＶの世界で水を得た魚のように活躍していた小向だったが、二〇一五年二月六日、東京・恵比寿の自宅マンションで覚せい剤〇・一グラムを所持していたとして、関東信越厚生局麻薬取締部によって現行犯逮捕される。当時に吸引具も発見された。

三月九日に関係者が二〇〇万円の保釈金を納めて、警視庁湾岸署から保釈された。すでに保釈は認められていたが、保釈金が納められず保釈が延期されていた。小向を戒めるため、関係者がわざと勾留期間を延ばしたといわれる。

実刑になるかは微妙なところと見られたが、四月二七日、入手の経緯に同情するべき点はなく、覚せい剤への依存性も根深いとして、懲役一年六カ月の実刑判決が言い渡された。小向は控訴しなかった。出所後に交際中の飲食店店員と結婚する意思を示していることが伝えられ、結婚をモチベーションにまじめに服役し、なるべく早く出所することを考えているようだ。

現在（二〇一六年五月）は栃木刑務所で服役中の身で、日々労役にいそしんでいるらしい。服役中でも彼女の人気は変わらない。二〇一五年一一月一七日に開催された年間のアダルトビデオ日本一を決める「ＡＶ ＯＰＥＮ ２０１５」の「ＳＭ・ハード部門」で彼女の作品『小向美奈子in…［脅

転んでもタダでは起きない

迫スイートルーム』』が一位を獲得。さらに「ＤＭＭ・Ｒ18　配信売上賞」でも二位となり、小向は塀の中で喜んでいたという。

しかし強い依存性を持つ小向がこれで覚せい剤をやめることができるのか。本当の正念場は出所後から始まるのである。

2　岡崎聡子
覚せい剤とセックスに生きる裏社会の女

一九九五年　大麻取締法違反・覚せい剤取締法違反（懲役一年六カ月年）／**一九九九年　覚せい剤取締法違反**（懲役一年八カ月）／**二〇〇五年　覚せい剤取締法違反**（懲役二年六カ月）／**二〇〇九年　覚せい剤取締法違反**（懲役三年）／**二〇一三年　覚せい剤取締法違反**（懲役三年六カ月）

おかざき・さとこ。一九六一年生まれ。元体操選手、元タレント。

一九七六年、モントリオールオリンピックに体操選手として高校一年で出場、アイドル選手として人気になり、一九七九年に体操選手を引退しタレントに転身する。結婚・出産を経て芸能界を引退するが、一九九五年の逮捕以来、薬物使用を繰り返している。

「和製コマネチ」から薬物常習者に

「白い妖精」といわれた女子体操のコマネチが世界を沸かせた一九七六年のモントリオールオリンピックに、日本からも可憐な選手が出場していた。弱冠一五歳の岡崎聡子である。「和製コマネチ」と呼ばれた彼女は、その愛らしさでアイドル的な人気を博した。

一九七九年に体操選手を引退すると、知名度を活かしてタレントに転身したがぱっとしなかった。体操界では美少女としてもてはやされた岡崎だったが、美形ぞろいの芸能界では存在感を出せなかった。苦肉の策で活路を求めたのがエアロビクスである。しかしそのエアロビクスを学ぶために滞在したアメリカで薬物を覚えたことが、彼女の転落の出発点となってしまう。月刊『創』二〇〇九年一一月号で岡崎は以下のように記している。

「最初はアメリカにいる時だけ使っていました。コカインもやるようになりました。そのうち日本でも、つきあっていたのが六本木の水商売の人だったこともあり、入手もできました。仕事が終わると一服、という感じで、アルコールと同じ感覚で使っていました。気持ちがパッと明るくなるし、活力も出る。もちろん性的な部分での快楽もありました」

一九八四年、デザイナーの男性と結婚後、妊娠ヌードを披露して話題になった。新婚での特異なヌードは、幸せな結婚生活というよりは、どこかダーティでワケありに見えた。その後母親になったものの、彼女の身辺には生活の退廃や金銭的困窮を連想させる、良からぬ話が絶えなかった

そしてついに一九九五年四月二九日、車を運転中、地下鉄サリン事件で特別警戒中だった警察の

検問により、大麻所持の現行犯で逮捕される。尿検査では覚せい剤反応も出たことから、続けて覚せい剤使用でも逮捕となった。夫も大麻・覚せい剤の使用で逮捕された。

この件では初犯ということで判決は執行猶予付きの有罪だったが、判決後まもなくの執行猶予期間中に覚せい剤所持で再逮捕される。これにより執行猶予も取り消され、懲役一年六カ月の実刑を受けることになった。

繰り返される逮捕

出所してからは医薬品の会社で働いていたというが、一九九九年、覚せい剤取締法違反で三度目の逮捕に至り、懲役一年八カ月の実刑判決を受けた。

その後二〇〇五年七月には、新宿のマンションで覚せい剤二・七グラムを所持していたとして四度目の逮捕となった。すっかりマークされて家宅捜索されたのだろう。前回よりかなり重い懲役二年六カ月の実刑判決を受けた。この頃には岡崎といえば覚せい剤のイメージが染みつき、男性の清水健太郎と並ぶ逮捕の常連として知られるようになってきていた。

岡崎の逮捕記録はさらに伸びていく。

薬物でダメージを受けない体質だという

二〇〇九年二月一六日、東京中野区の路上で、運転していた車の隣の席の知人男性がシートベルトをしていないのに気づかずパトカーに停車を求められた際、覚せい剤が入った小さなポリ袋八個を所持していたとして逮捕された。この時、車には二〇本の注射器も積んでいたという。尿検査での覚せい剤反応も陽性だった。五月一九日、懲役三年の実刑判決を受けた。

出所後の二〇一三年二月一五日、岡崎はまた逮捕される。午前三時頃、友達に会うために新宿区百人町の職安通りから大久保通りに出たところで警察官に職務質問され、尿検査で覚醒剤の陽性反応が出たからだった。ところがこの時は、勾留満期の三月七日に処分保留で釈放され一三日付けで不起訴になっている。この裏には、職務質問としながら、かなり強引な違法捜査があったのではと見られている。百人町のあたりは新宿署の強化パトロール地区でもある。岡崎はこれまでに、このように逮捕されるも処分保留になったことが何回もあったのではないかともいわれている。

二〇一三年九月六日、東京都杉並区のアパートで、同居男性と一緒に覚せい剤〇・五グラムを所持していたとして逮捕される。家宅捜索で、ストローに付いた結晶から覚醒剤の陽性反応が出たのだ。二〇一四年九月五日、懲役三年六カ月の判決を受けた。回数を重ねるにつれ刑が重くなり、収監期間は長くなっていく。

裏社会の住人として生きる

岡崎が芸能人をやめて三〇年の歳月が経つ。おそらく今の彼女は、もうすっかり裏社会に生きる人間なのである。これまで岡崎は二回結婚しているが、最後に逮捕された際の同居男性は暴力団関係者だった。覚せい剤は簡単にふんだんに入手できる日用品のようなものなのだろう。そう考えると、まったく悪びれない彼女の言動も少しは理解できるかもしれない。

他の多くの、薬物犯罪を犯した芸能人と岡崎が大きく違うところは、「薬物使用を悪いとはまったく思っていない、やめたいという気持ちもない」ということだ。前出『創』で岡崎は「薬物については、法律違反といっても具体的にどこがどういう理由でいけないのか考えてみる価値はあると思います。だって心身がボロボロになるというのなら、アルコールでもっとひどいことになった人はいくらでもいます。なぜそれは犯罪とされないのでしょうか」と述べている。また『東京スポーツ』は、二〇〇九年の収監時、福島刑務所で同房だった女性のブログ記事として、「聡子ちゃんは下ネタが大好きだった。体操の選手だっただけにいろいろな体位を要求されるという。基本はヤクザの親分格としかしないそうだ。全く薬をやめるという意識はないようなので今日もどっかの親分とシャブをうって遊んでいるのだろう」という記述を紹介している。

しかし、罪を重ねるにつれ、捕まった時の収監期間はどんどん長くなり、近年では刑務所にいる方が長くなっている。これでは大好きなシャブセックスを楽しむこともできないだろう。そして岡崎ももう五五歳なのだが、彼女のセックスと覚せい剤に対する強烈な欲望はどこまで続くのだろうか。

3　田代まさし

人気のプレッシャーから覚せい剤に

二〇〇一年　覚せい剤取締法違反（懲役二年、執行猶予三年）／**二〇〇四年　覚せい剤取締法違反**（懲役三年六カ月）／**二〇一〇年　麻薬及び向精神薬取締法違反・覚せい剤取締法違反**（懲役三年六カ月）

たしろ・まさし。一九五六年生まれ。歌手、タレント。
シャネルズ（のちのラッツ&スター）として一九八〇年に『ランナウェイ』でデビューすると大ヒットし、一躍有名になった。グループ解散後は志村けんの勧めで、一九八六年頃からお笑いタレントとして活躍していたが、度重なる逮捕により芸能活動は停止状態となっている。

奇行と覚せい剤

歌手からコメディアンへの転身が大成功した田代は、九〇年代には一世を風靡する売れっ子芸能人となって多忙をきわめた。傍目には順風満帆に見えたが、田代にとっては、「面白いことをし続けなければならない」といった仕事に対するプレッシャーがストレスになり、日々精神を擦り減らしていたという。もともと、伊達メガネをかけなければテレビに出られなかったり、サービス精神旺盛なゆえに過剰に聴衆に気を遣うような、繊細で小心なところがあった。著書『審判』の中で田代は、最初に覚せい剤を使ったのは一九九一年に家族でハワイに行った時だと記しており、九〇年代の活躍の裏では長年覚せい剤に依存していたのかもしれない。

　転落への第一歩となる事件が起こったのは二〇〇〇年九月二四日のことだった。田代が東急東横線都立大学駅構内で、帽子、サングラス、マスクという姿で、女性の下着を盗撮しようとしている様子を目撃者が通報。不審人物として警察が任意同行し事情聴取の結果、東京都迷惑防止条例違反で書類送検されたのだ。事件が明るみになると、田代は「テレビでのネタのためにビデオを持ち歩いていた」「『ミニにタコができる』というタイトルのギャグ映像を作ろうとした」などと訳のわからない釈明をして失笑を買うと同時に、「何かおかしい」ことを人々に印象づけた。

　この事件は「罰金五万円」の略式命令となり、田代は芸能活動を一時停止するが、志村けんの後押しもあって二〇〇一年の七月頃から復活。笑いを誘うキャラの故か、世間は田代に寛容で、ほどなくゴールデンタイムの番組にも登場するようになった。ところがその年の一二月九日、田代は近所の男性宅の風呂を覗いたとして軽犯罪法違反容疑で逮捕される。そしてその際の家宅捜索で自宅から覚せい剤が見つかり、一二月一一日、覚せい剤取締法違反容疑で再逮捕された。同日、所属事務所のエムティィエムプロダクションは田代との契約を解除した。この不祥事により正月用に撮り溜めていた番組が多数お蔵入りになり、田代はその後多額の賠償金を払い続けている。

　田代の一連の事件がなぜかネット民たちに受け、2ちゃんねるでは奇妙な田代人気が盛り上がる事態になった。その象徴が「田代祭り」である。これは、アメリカ『タイム』誌の二〇〇一年の「パーソン・オブ・ザ・イヤー」企画で「MasashiTashiro」を一位にしようと、2ちゃんねらーが大量の組織投票を行ったものである。田代は、オサマ・ビンラディンに約二倍の差をつけて一位を獲得したものの、結局ランキングから除外された。以降『タイム』誌はこのような悪ふざけができないように、この企画のシステムを改めている。田代の奇妙な人気はこの先も根強く続いていくことになる。

二〇〇二年三月には、懲役二年執行猶予三年の判決が言い渡された。

後から見れば、盗撮や覗きは、覚せい剤の影響の現れに他ならなかった。この後も田代は、薬物使用に加え、奇行というしかないトラブルを繰り返していく。

全盛期の田代（右）

ネットでの復活

執行猶予中の身となり、テレビから干された田代は、Vシネマの監督として芸能界に復帰した。その後、二〇〇三年正月、『サンデージャポン』（TBS系）にVTRで出演したが、これ以降タレントとしての地上波テレビの出演からは遠ざかっている。

やっとテレビ復帰の話が出始めた二〇〇四年、田代はまたも騒動を起こす。六月一六日深夜、東京都杉並区の青梅街道の「回転禁止」の場所でUターンして、オートバイに乗った男子学生に衝突して大けがをさせたのである。さらにそれから間もない九月二〇日夜、東京都中野区の路上で駐車中、覚せい剤とバタフライナイフを所持していたとして、覚せい剤取締法違反と銃刀法違反で現行犯逮捕された。

二〇〇五年三月、執行猶予中の再犯であったことから三年六カ月の実刑判決が確定し、栃木県の黒羽刑務所に収監された。田代は「盗撮事件後、家族関係が悪くなりヤケになってしまった」と弁明したが、すでに別居状態にあった妻とは、収監中についに正式離婚になってしまった。

二〇〇八年六月二六日に満期出所すると、もともと田代人気の高かったネットを中心に活動を始めた。この頃から、テレビに頼らなくてもネットでの芸能活動が可能な時代になりつつあった。

不思議なのは、過ちを繰り返してもなお、旧知の鈴木雅之はじめ、美川憲一、南部虎弾など、田代を親身に応援してくれる芸能人仲間がたくさんいることだ。そして大衆も、なぜか田代には甘いのである。田代がニコニコ生放送のトーク番組に登場するとネット民は「神」と囃し、九月に公式サイトとブログを開始すると、一〇〇万を超えるアクセスを記録した。

人々の好意に支えられながら、二〇〇九年三月からは冠番組『田代まさしのお久しブリーフ』の配信を始め、九月にこの番組が終わると共に「リハビリ完了」を宣言した。その後、薬物と決別したことをさかんにアピールし、誰もが今度こそは大丈夫かと思ったのだが、なんとまたも薬物で逮捕されることとなる。のちに田代は「早く芸能界に戻って仕事をすることが罪滅ぼしになると思ってたんだけど、結果どんどん追い込まれてしまい…」とこの頃を振り返っている。

さらに続く不祥事と「ダルク」での活動

二〇一〇年五月に田代は胆石の手術を受け、その頃から急に痩せ始めた。当初は食事制限の影響かとも思われたが、それと共に、おかしな言動がしばしば見られるようになってきたので、田代の周囲の人々は薬物使用を疑い始めていた。残念ながらその疑念は的中してしまう。

九月一六日横浜市で、田代は、ＡＰＥＣの警備にあたっていた警察官に職務質問を受けた際、コカインを所持していたとして、麻薬及び向精神薬取締法違反容疑で現行犯逮捕された。この時一緒にいた女性も覚せい剤を所持しており同時に逮捕された。さらに女性のポーチの中や自宅に覚せい剤、コカイン、大麻を共有で隠し持っていたとして、一〇月一四日には二人そろって覚せい剤取締法違反容疑で再逮捕となった。薬物はこの女性を通じ売人から入手していた。

逮捕の際、げっそりと痩せ細り老人のように衰えた田代の姿が報道され、世間を驚かせると共に、薬物の恐ろしさを強く印象づけた。

公判で田代が語ったところによれば、この年の三月、更正を誓った著書『審判』のサイン会で薬物の売人から少量の覚せい剤と連絡先を手渡されたのが、また薬物に手を出すきっかけの一つだった。このように売人が、やめようとしているターゲットの隙をついて誘惑してくるというのは、なんとも不気味で恐ろしい話である。

二〇一一年七月、懲役三年六カ月の実刑が確定し、府中刑務所に収監された。

度重なる逮捕で、これまで辛抱強く田代を応援してきた仲間たちは大いに落胆し、さすがに芸能活動に復帰させようという気力も失せて田代を見放したが、期待がストレスになる田代には結果的にはその方が良かった。そして田代にはまだ救いの手を差し延べてくれるところがあった。

二〇一四年七月二日に仮釈放された後、田代は民間の薬物依存リハビリ施設ダルクに入る。そして芸能界に復帰する代わりに、リハビリの傍ら「ダルク」のスタッフとして働き始めたのである。事務員としての地道な業務の他、知名度を活かしチャリティーに協力したり、薬物中毒者向けの講演なども精力的に行っている。

ところが、今度こそは立ち直ったと思われた田代に不可解

清原についてコメントする田代

なトラブルが起こる。二〇一五年七月、「田代が駅のホームで女性のスカート内を盗撮したとして、東京都迷惑防止条例違反の疑いで警視庁に書類送検された」ことが報道された。しかし田代本人は自身のブログで「私は盗撮行為をしていませんし、盗撮行為をしようともしていません。捜査においても携帯電話を入念に調べてもらい、私が盗撮していないことは確認してもらいました」と述べている。一方で「私の当時の行動に誤解を招くような動きがあり、それが東京都条例違反にあたるとのことでしたので、私はそれを真摯に受け入れ、裁判所の略式命令についても対応することにしました」と一部自分の非を認め、罰金三〇万円を払っている。ダルクではこういった曖昧な行動も薬物依存症の一つの現れとして、まだ立ち直る途中にある田代を見守っていくという考えのようだ。

ダルクでの活動は現在も続いている。二〇一六年二月、清原逮捕の際には、ダルク職員として情報番組に登場し、薬物の恐ろしさを語る一方、同じ薬物犯罪経験者として、清原への共感も見せていた。

薬物依存者は、ただ罰しても何の解決にもならない。かつてＣＭ王といわれた天性の訴求力で、ダルクのような「治療を取り入れ更正させる」システムの大切さを社会にアピールすることが、今の田代の天職なのかもしれない。

4　清水健太郎

懲りない常習犯

一九八三年　大麻取締法違反（起訴猶予）／**一九八六年　大麻取締法違反**（懲役一年、執行猶予四年）／**一九九四年　大麻取締法違反・覚せい剤取締法違反**（懲役一年六カ月）／**二〇〇四年　覚せい剤取締法違反**（懲役二年四カ月）／**二〇一〇年　覚せい剤取締法違反**（懲役一年十カ月）

しみず・けんたろう。一九五二年生まれ。歌手、俳優。

デビュー曲『失恋レストラン』が一九七六年から翌年にかけて大ヒットし、アイドル歌手・俳優として一時代を築き、その後Vシネマ俳優として人気になる。芸能界入りする前の一九七三年、運転中に死亡事故を起こし、これが人生最初の逮捕となる。以降薬物や交通事故で逮捕が繰り返されている。

簡単に許された復帰

清水は九州・小倉に代々続く建築業のお坊ちゃまとして裕福に育った。家業を継ぐために足利工業大学に進学し建築を学ぶ。しかしその大学の後輩・清水アキラと、軽い気持ちで『ぎんざNOW』（TBS系）に出演したことが芸能界入りのきっかけとなり、彼の運命は大きく変わる。

歌手デビューすると、それまでにない不良テイストを持ったアイドルとして人気になった。しかし年齢と共に不良部分だけが肥大化していき、今や清水健太郎といえば、度重なる薬物事件や交通事故により、俳優や歌手というより薬物常習者、逮捕の常連のイメージが圧倒的に強い。

そんな清水の薬物がらみの最初の逮捕は、人気に翳りが見えていた一九八三年四月のことだった。自宅居間から大麻たばこ一本（約一グラム）が発見され、現行犯で原宿署に逮捕された。この時は同時期に萩原健一やふとがね金太らも逮捕され、芸能界の大麻汚染がメディアを賑わせた。清水は起訴猶予処分となり、約三カ月半の謹慎を経て芸能界に復帰した。

その後一九八五年にはアメリカ人モデルと最初の結婚をする。しかし翌八六年には再び大麻取締法違反容疑で逮捕され、懲役一年、執行猶予四年の判決が言い渡された。アメリカ人モデルの妻との間には長男をもうけたが、一九九一年には離婚し、子供は妻に引き取られている。この二度目の逮捕以降、テレビなど表舞台での仕事が減り、活躍の場がビデオ作品に移っていく。

一九九四年、大麻取締法違反及び覚せい剤取締法違反で三たび逮捕され、ついに一年六カ月の実刑判決を受けた。出所後は芸能界への復帰をあきらめ皿洗いのアルバイトなどをしていたが、先輩俳優・岡崎二朗ら関係者の尽力で復帰を果たし、Ｖシネマ俳優として活躍するようになった。ヤクザ役がはまり、特に一九九八年からの『首領への道』シリーズは大ヒットしてビデオ売上に大きく貢献し、同時に清水の懐もずいぶん潤ったようだ。二〇〇一年、清水は交通事故を起こすが、その時乗っていた車が高級車のジャガーだったことが話題になった。

芸能界復帰があまりにもうまくいったので、薬物犯罪を甘く見たのだろうか。懲りないこの男のお騒がせはまだまだ続く。

二〇〇二年には二二歳年下のVシネマなどで活躍していた女優、森香名子と結婚、幸せそうに見えたのもつかの間、二〇〇四年四月に離婚すると、五月二九日には覚せい剤取締法違反で四回目の逮捕となった。覚せい剤はずっとやめていたものの、妻に逃げられ、会社が倒産し、自暴自棄になって手を出したのだという。せっかく築いた地位と名声はこれで失われ、親しかった安岡力也や梅宮辰夫からも厳しい言葉を投げられた。

懲役二年四カ月の実刑判決を受け群馬県前橋刑務所で服役し、二〇〇六年五月に仮釈放となった。身元引き受け人になってくれたのは、新日本キックボクシング協会市原ジム会長・小泉猛。小泉の元に住み込み、体を鍛えながら再起を目指すが、さすがにもう簡単に復帰を許させるほど芸能界は甘くなかった。二〇〇七年三月二二日に『あの人は今⁉』（日本テレビ系）で三年ぶりのテレビ出演を果たし『失恋レストラン』を歌ったが後には続かなかった。

復帰がなかなかうまくいかない中、二〇〇八年一〇月にはひき逃げ事件を起こす。東京都台東区の交差点で乗用車を運転中、自転車で交差点を横断していた男性と衝突し、軽傷を負わせてそのまま逃走して逮捕され、懲役七カ月の実刑判決を受けてまた塀の中に戻っていった。逃走した理由は、「事故が警察沙汰になれば芸能活動再開の支障になる」という身勝手なものだった。

繰り返される薬物騒動

二〇一〇年八月一八日、台東区の自宅マンションで覚せい剤を使った疑いで、薬物では五回目の逮捕をされる。八月九日、JR上野駅の改札口前で職務質問を受けた際、覚せい剤の吸引器を持っていたため、尿検査を行ったところ陽性反応が出た。八月一八日、弁護士と共に上野警察署に出頭して逮捕の運びとなった。十一月一六日、懲役一年一〇カ月の実刑判決を受け、二〇一二年七月まで服役した。

その後支援者と共に社会復帰を目指していたはずの清水だが、今度は合成麻薬使用容疑で逮捕される。二〇一三年五月二二日午後六時頃、東京都渋谷区道玄坂で足元をふらつかせていた清水を警察官が職務質問、尿検査したところ合成麻薬「α—PVP」の成分が検出されたため、六月六日の逮捕となった。

α—PVPは二〇一三年三月から麻薬として新たに指定されたばかりの薬物で、それまでは合法ドラッグとして流通していたものである。清水は「違法な薬物だと知らなかった」と容疑を否認し、七月三日には不起訴処分となった。

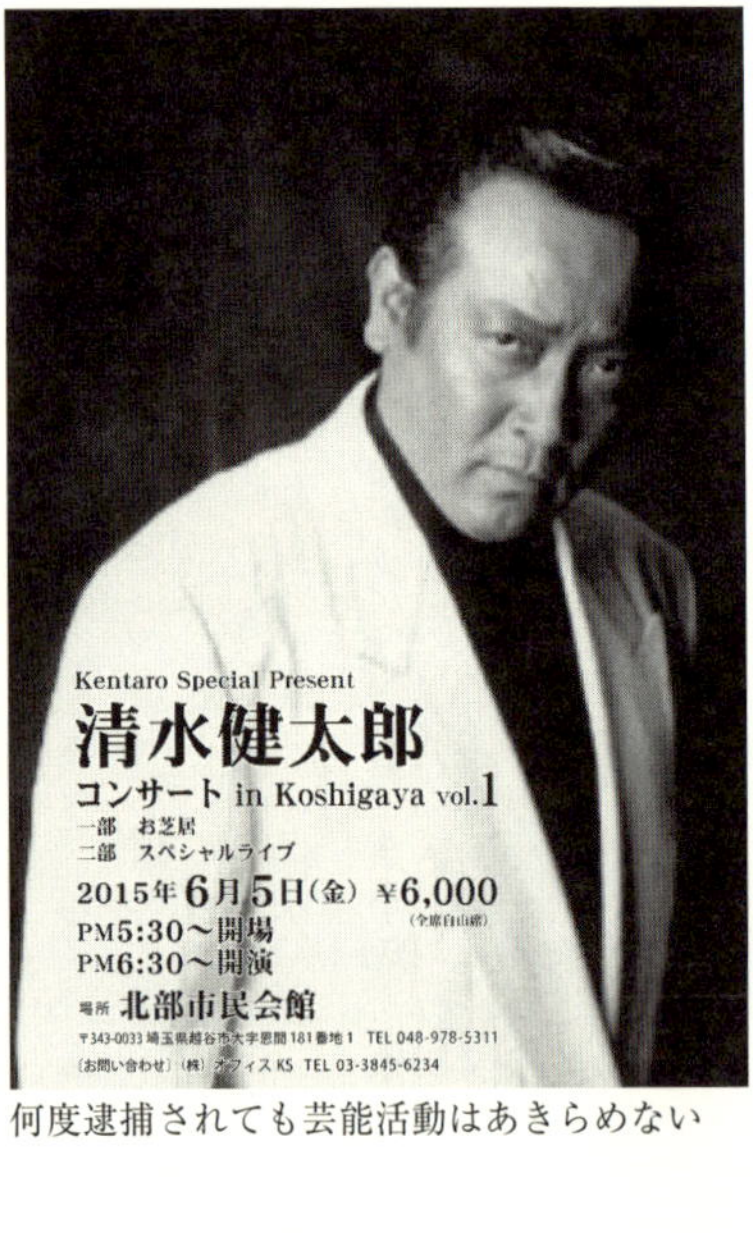

何度逮捕されても芸能活動はあきらめない

しかしわずか六日後の七月九日午後一一時頃、清水は、台東区の自宅マンションでハーブを吸って意識障害を起こしている。一緒にいた三十代の知人男性が一一九番通報し、共に病院へ救急搬送された。症状は軽く、すぐに帰宅したという。

二〇一四年一〇月、清水は一八歳下の女性と三回目の結婚をした。この女性を清水の個人事務所の社長にして歌手活動を再開、約一一年ぶりとなるアルバム『リスタート』をリリース、埼玉や大阪でライブを行った。

結婚会見では、「僕の姿を見ていてほしい」などと更生に自信を見せていた清水だが、「どうせまたやる」というのが大方の見方だろう。何度トラブルを起こしても、どこかけろりとして軽々しく、悪びれもせず芸能活動を再開しようとするのがこの男の特徴である。ここまで来ると、むしろ薬物問題も一種の芸風の域と言えるかもしれない。

清水は三回目の結婚で幸せになっているようだが、二回目の結婚相手だった森香名子は離婚後覚せい剤で逮捕されている。

二〇一一年一一月一日、東京都港区の自宅に覚せい剤二・五グラムを所持していたところを、一緒にいた女性と共に関東信越厚生局麻薬取締部に現行犯で逮捕された。取り調べで森は「前の旦那さまに教えられました」と供述している。清水とは七年も前に別れていても、覚せい剤とは別れられなかったようだ。覚せい剤の怖さと共に、他者を巻き込むことの罪深さを改めて感じさせられる話である。

5　押尾　学

疑惑の事件の深い闇

二〇〇九年　麻薬及び向精神薬取締法違反・保護責任者遺棄致死罪（懲役三年六カ月）

おしお・まなぶ。一九七八年生まれ。元俳優、歌手。

一九九八年デビュー。長身イケメンの人気俳優だったが傲慢不遜な態度で評判は悪かった。バンド活動へのシフトなどで二〇〇六年頃から次第に芸能活動が低迷する中、事件が起こった。出所後は芸能活動に復帰する気はないとしながらも、二〇一六年二月二三日、バンドＬＩＶのメンバーとして渋谷でライブに出演している。

二〇〇九年八月二日、合成麻薬ＭＤＭＡの使用により、押尾学と一緒にいたとされるホステスＴさんが亡くなった。この事件では、押尾が逮捕され懲役刑に服した他、押尾に薬物を渡したとされる友人が麻薬及び向精神薬取締法違反、Ｔさんの携帯電話を捨てた押尾のマネージャーが証拠隠滅罪となり、都合三人の罪として処理され終わったことになっている。しかし事件には、政界につながる大きな疑惑の噂がずっとつきまとっている。

押尾の供述から見る事件の経過

事件が起こった八月二日、この日の午前中から押尾は事件現場となった六本木ヒルズのマンションの部屋に滞在。正午頃、そば店で友人らと昼食をとった後、午後二時頃に再びマンションに戻った。

午後二時半、マンションの防犯カメラに一人で入っていく女性の姿が記録される。この女性が、のちに押尾の部屋で亡くなるTさんであることから、この時間に押尾と合流したと見られる。

その後、午後六時頃にTさんが死亡したと推定される。その時の様子は、「女が、MDMAの錠剤一錠目を飲んだ後、『調子が悪い』と言って寝室に行った。突然に意識を失い、口から泡を吹いたり手が震えていた。その後、女の体が硬直したので、心臓マッサージを試みたが回復しなかった」というものだった。Tさんは全裸で、下着などはダイニングと寝室に脱ぎ捨てられていた。肋骨が一本折れており、心臓マッサージを激しくした際の骨折とされる。

現在は悠々自適に暮らしているらしい

午後七時半頃、押尾は、当時の所属事務所エイベックスと友人に「大変なことが起きた」と連絡し、「怖くなって同じマンションの別の部屋に逃げた」という。

友人とマネージャーが駆けつけ、現場を見て死体があることを知り、午後九時一九分、一一九番通報をした。

午後九時二七分、警察により女性の死亡が確認された。この時現場にいたのはマネージャーのみで押尾はいなかった。

翌八月三日午後一時頃、麻布署が押尾を呼び、Tさんの死について事情聴取を始めた。この時、押尾は手が震えるなど薬物使用の症状が見られたため尿検査したところ、MDMAの陽性反応が出たため麻薬及び向精神薬取締法違反容疑で逮捕された。押尾は「昨日、友人からもらった固形物を飲んだことには間違いはないが、違法なものとは思わなかった」と供述。錠剤はTさんから勧められ、性行為のために二人で飲んだとした。

逮捕の情報が報道される前に、エイベックスは押尾の契約解除を発表した。そして午後九時頃、「押尾学逮捕」のニュースが一斉に報じられた。

八月四日には川崎の押尾のマンションなどの家宅捜索が行われた。押尾宅からはドラッグが押収され、港区のTさんのマンションからは、コカインが見つかった。押尾はこの後、「違法薬物と知っていて飲んだ」「以前から何度も使用したことがある」と前日の供述を翻し、自白を始めた。

八月七日には逮捕を受けて、事件の前から別居状態にあった妻、矢田亜希子と離婚している。

八月三一日、保釈される。四〇〇〇万円の保釈金は押尾と親交のあったパチンコメーカーのオーナーI氏が支払ったといわれる。

二〇〇九年一一月二日、MDMAの自己使用について、麻薬及び向精神薬取締法違反で懲役一年六カ月、執行猶予五年の判決が言い渡される。

二〇〇九年九月からTさんを遺棄したことに対する保護責任者遺棄致死罪についての裁判員裁判が東京地裁で始まったが、そのさなかの一〇月四日に一〇〇〇万円の保釈金を納付し保釈された。保釈金は押尾の両親が用立てたものと報じられた。一審東京地裁で言い渡された二年六カ月の実刑判決を不服として控訴したが、東京高裁、最高裁共に棄却され、二〇一二年二月一三日、判決が確定する。麻薬及び向精神薬取締法違反での執行猶予が無効になるため、合わせて最長三年六カ月の実刑となった。

二〇一二年三月二九日より東京拘置所に収監。満期は二〇一五年九月だったが、二〇一四年一二月半ばに仮釈放となり出所した。

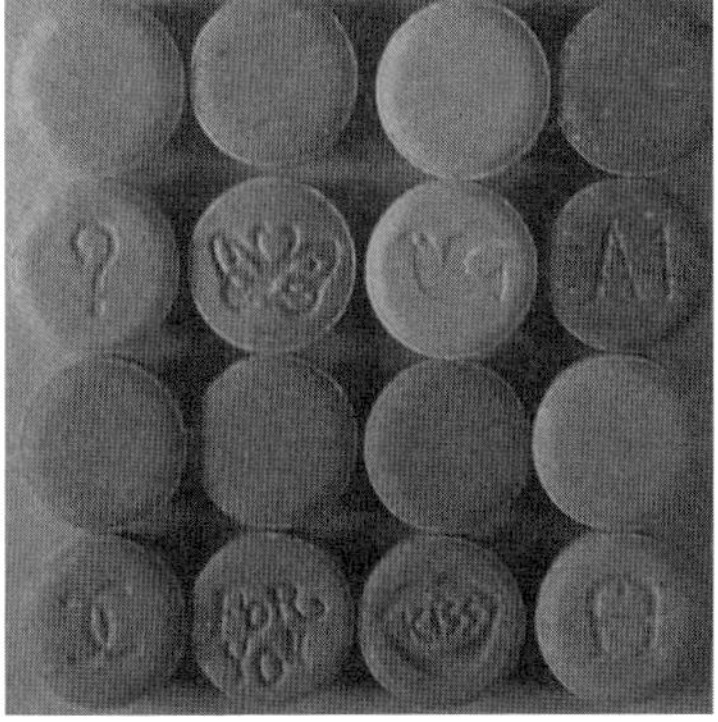
MDMAの錠剤

根強く残る「身代わり」説

事件の現場となった部屋は、女性用下着通販会社ピーチジョンの社長・野口美佳の所有だった。押尾は野口については「知人だった」とし、「社長から自由に部屋を使っていいと言われた。他の部屋にも出入りしていた」などと供述した。この事件を通じて、野口が所有する複数の部屋がＶＩＰ御用達の「ヤリ部屋」として利用され、薬物の温床になっていたことが知れ渡った。野口は芸能人、実業家、政治家、警察関係者から裏社会まで幅広い人脈を持っており、この部屋を通じて、彼らの快楽のために便宜を図っていたと見られる。

このヤリ部屋に出入りしていたとして、水泳のオリンピック金メダリスト北島康介やジャニーズ事務所幹部でもある東山紀之など様々な人物が取り沙汰されたが、その中の一人に森喜朗元首相の息子の森祐喜の名があった。そして、Ｔさんの変死に関わったのは実は森祐喜で、押尾は身代わりなのではないかという噂が今日に至るまでささやかれ続けている。というのもＴさんはかつて森の地盤である金沢で働いており、森親子と接点があったといわれ、森親子と共に写った写真もネット上に出回っている。

森祐喜はいろいろといわく付きの人物だった。かねてから暴

疑惑を残したまま亡くなった森祐喜

力癖があり、ＤＶが原因で離婚したといわれる。父親の秘書を経て、二〇〇六年、石川県議会議員に当選したものの、二〇一〇年八月七日、飲酒運転でコンビニに突っ込む事故を起こし辞職しており、この際は飲酒ではなく薬物なのではないかとささやかれた。二〇一一年七月二五日に多臓器不全で四六歳の若さで死去するが、これも薬物により体がボロボロになったのではないかといわれた。「彼なら、あのような事件を起こしかねない」と思わせる要素が十分にあったのだ。

折りしも事件は、二〇〇九年の八月三一日には衆議院選挙を控えたタイミングで起こった。このような時に自民党重鎮の子息のスキャンダルが出ては大打撃となる。そこで高額な報酬などの好条件と引き換えに、合意の上で押尾が身代わりになったのではないか、というのだ。

そういった視点で事件の経過を見てみると、確かに押尾を犯人に仕立てる隙は十分にあり、肋骨が折れていたのは暴力によるものではなかったかとも思えてくる。さらに酒井法子事件は、もともと警察が目をつけていたものを、この事件から人々の関心をそらすために、急遽同じタイミングで摘発に踏み切ったのではないかともいわれている。酒井法子事件の端緒となる夫高相祐一への職務質問が行われたのは、Ｔさんの死亡が警察によって確認されたすぐ後である。

そして、出所後の押尾は、芸能人としての復帰もないのに、生活に不自由している様子はない。二〇一五年八月、写真誌『ＦＲＩＤＡＹ』が、白昼から虎ノ門ヒルズで女性といちゃつく押尾をキャッチしている。記者の問いかけに対し押尾は、「何をやっているかは言えないけど、芸能界の頃よりぜんぜん儲かってるよ」と答え、羽振りの良いところを見せていた。最近ではインスタグラムに、余裕のありそうな暮らしぶりをさかんにアップしている。

森親子以外にも、ヤリ部屋の闇が露呈しては困るＶＩＰはたくさんいるはずだ。本来、関係者に有力者やその子息を取り混ぜておけば、警察にお目こぼしされ、ヤリ部屋の秘密が世間に知られることはないはずだったが、死人が出るという不測の事態で、はからずも垣間見られてしまったのだ。このピンチに押尾が罪を被り、秘密を口外せずに彼らを守ったのなら、その見返りとして、優雅な暮らしをさせてやるぐらいはお安い御用だろう。野口美佳はじめ、この事件で取り沙汰された人物たちは、何事もなかったかのように今も勝ち組人生を謳歌している。

この事件に関しては、黒い噂がまだまだ山のようにある。本当のところはわからない。しかし有力者やその身内の不祥事が政治力でもみ消されるのは、現実によくあることだ。噂のすべてが正しいとは言えなくても、当たらずとも遠からずといったところなのではないだろうか。

第三章

女たちの薬物事件

1　高部あい

六本木・麻布界隈に連なる薬物疑惑

二〇一五年　麻薬及び向精神薬取締法違反（起訴猶予）

たかべ・あい。一九八八年東京都生まれ。女優、声優。

二〇〇四年に第一〇回「全日本国民的美少女コンテスト」のグラビア賞を受賞し、一六歳でデビュー。オスカープロモーションに所属し、「美少女クラブ31」に新メンバーとして加入。清純派タレントとしてバラエティ番組の出演やテレビドラマに出演し、二〇〇九年には声優デビューも果たした。一方で遊び人グループの一人として六本木界隈で有名な存在となる。二〇一五年にコカインで逮捕され、世間を騒然とさせた。

国民的美少女の絵に描いたような転落人生

二〇一五年一〇月一五日、コカイン所持の容疑で高部あいが逮捕された。警察当局はかなり前から高部をマークしていたらしく、渋谷区の高級マンションを出たところで捜査員が取り囲み、所持品から微量のコカインを検出。当初は「友達が家に勝手に置いていった」と供述していたが、逮捕当日の尿検査で薬物の陽性反応が出た。同日付けでオスカープロモーションは高部の契約を解除している。

もともとは全日本国民的美少女コンテストの出身で、二〇〇五年に初代「ミス週プレグランプリ」に輝き、清純派グラビアアイドルとして芸能界で活動を始めた高部だったが、数年前から薬物使用の噂がささやかれていた。

逮捕前日も高部は、森下悠里が主催するグラビアアイドルやモデルら参加者五〇人以上というハロウィンパーティーに参加し、この時使用したコカインによって薬物の陽性反応が出たものと見られる。関係者によると高部ら男女六人が会場を出たり入ったりする様子が確認され、その中にはタレントもいれば人気スポーツ選手の弟も含まれていたという。

一般的な知名度はそれほどでもなかった高部だが、清純派タレントのイメージがあっただけに、世間は騒然となった。なにしろ一六歳でデビューし、当初はあどけない口調で「キスをしたことがない」「ずっと彼氏がいたことがない」と話すなど、汚れのない処女性でファンの心を摑んでいたからだ。その一方で二〇〇七年には男性ミュージシャンとの交際が明るみになり、二〇一〇年には人気アーティストとの熱愛が報道され、ファンが離れていった。もともと二面性を隠し持っていたのか、芸能界に染まっていったのかはわからない。

次第にメディア露出が減る一方、独特のふわふわした声質で二〇〇九年に声優デビューを飾り、二〇一二年放映のテレビアニメ『キルミーベイベー』（ＴＢＳ系）で主役クラスの役を演じて好評を博すなど、高部なりに奮闘していた。女優業においてもそこそこ重要な役を得ていたが、衣装合わせの時に「腕に注射痕らしきものがあった」と逮捕前の様子をドラマ関係者が語るなど、薬物を常用しながら仕事をしていた節がある。

高部がいつ頃から薬物を使用していたかは定かではないが、一説では二〇一〇年頃に元モーニング娘。の加護亜依と知り合ったことがきっかけだとささやかれている。それまでおとなしかった高部が派手な高級ブランドで着飾るようになり、夜な夜なクラブ遊びに興じるようになった。この頃から不良芸能人グループやIT企業・不動産関連の実業家、世界的アクションスターの息子、プロ野球チーム元監督の息子等々、六本木、西麻布界隈では有名な遊び人たちとの黒い交流が始まったと見られる。

ちなみに加護は二〇一一年に元夫が恐喝の容疑で逮捕された際、参考人として呼ばれ、尿検査を受けた。陽性反応は出なかったものの、携帯の履歴には「この間は分量、間違えちゃった」「また、一緒にぶっとぼうね」といった薬物使用を匂わせるメールが残されており、その送信先が高部だったという。

当時の高部は所属事務所の給料だけではやっていけなくなり、セレブ御用達のパーティーに出かけてはパトロン探しをするようになったとされている。実際、高部が住んでいたのは家賃四〇万円以上とされる超高級マンションであり、名義人の某人気ブランドCEOの実業家と愛人契約を結び、毎月数十万円の手当てを得ていたとされる。しかも他にも月数十万円で愛人契約をしていた男が何人もいたというのだ。男からすれば、芸能人と「キメセク」できるわけだから、実に都合のいい存在として重宝されていたのではないか。

尿検査により妊娠が発覚。誰の子供か？

高部が薬物を常用するようになったきっかけとして、二〇一三年にBSスカパー！のアダルトバラエティ番組『徳井義実のチャックおろさせて～や』でアシスタントを務めたことが挙げられる。イケない女性と電マの対決など、地上波では放送できない過激な内容で、今後の活動も危ぶまれるヨゴレ役に対し、高部は「私、これからどうなっちゃうの？」と泣きながら知人に不満を漏らしていたという。所属事務所オスカーが、ブレイクを果たせずトウが立ってきた高部を見限ったということだろう。厳しい世界である。この番組出演以降、高部の奇行が露骨になっていった。

「いろんなものが浮き出て見える」「精霊が見える」といった薬物使用を思わせる発言が伝えられているが、他にも階段

11月13日、原宿署から処分保留のまま釈放された

から降りられなくなって転んだり、極端に感情の起伏が激しくなるなど、薬物の影響も含めて、かなり精神的に破綻をきたしていた様子だ。

これまでの転落人生を振り返ると、むしろ芸能界に足を踏み入れなければよかったのではないかと哀れにすら思えてくる。さらにとどめを刺したのが、逮捕時の尿検査によって妊娠一カ月半であることが発覚したことだ。

一〇月一五日の逮捕から、勾留延長期限の二〇日後となる一一月五日に高部はコカイン使用容疑で再送検されているが、普通に考えればさらに二〇日間の勾留となるところ、高部は一〇日間で処分保留のまま在宅起訴された。それは妊婦であることから体調を配慮してのことだった。

気になるのは誰が父親かということだ。現在、もっとも有力視されているのが、逮捕前の二〇一五年初めまで高部と交際していたインテリア家具の製造・輸入を手掛ける上場企業の御曹司である。アメリカ在住の日本食レストランオーナーという青年実業家でもあり、有名私立大卒の俳優ばりのイケメンだという。ちなみに弟は国内外で活躍する人気ロックバンドのメンバーであり、兄弟そろって大のドラッグ好きという評判だ。

二〇一五年夏に高部はこの人物とバリ島を旅行した際、「貴族のたしなみだから」とコカインを勧められたと高部の親友が主張しているが、数年前から高部が薬物を使用していたと考えられることから、それが初めてだったとは考えにくい。しかし、この人物の入手ルートから、コカインを常用するようになった可能性は十分に考えられる。

警察当局の真の狙いは初犯の高部逮捕ではなく、あくまで「六本木ルート」と呼ばれる芸能界の薬物汚染の実態解明と入手ルートの検挙にある。

逮捕直後の高部は、ショックのあまり取り調べに対して泣きっぱなしだったが、落ち着きを取り戻してからは、薬物の入手ルートだけでなく、枕営業や愛人契約など芸能界の暗部についても洗いざらい供述したという。警察関係者によると、捜査対象者は一〇〇人を超え、芸能人に絞っても三〇人以上は対象になっているという。

高部の供述を受け、一一月一〇日にこの青年実業家の実家である港区内の超高級マンションに家宅捜査が入っている。任意の事情聴取であるため、帰国を待つ必要があってまだ逮捕には至っていないものの、それも時間の問題だと見られている。

しかし、この人物が本当に父親であるかどうかは、高部自身にもわからないのではないか。他にも多数のパトロンがいて、交流があった芸能人やミュージシャンなど思い当たる節はいくらでもありそうだ。それこそDNA鑑定でもしないことには、真相が明らかになることはないだろう。

今回の事件を受けて、二〇一五年一〇月放映のテレビドラマ『サムライせんせい』（テレビ朝日系）で高部出演シーンがすべてカットされ、高部が出演したことで事務所の大先輩にあたる米倉涼子主演の初の時代劇『大奥』（フジテレビ系）がお蔵入りとなった。このため高部が多額の負債を抱える可能性もあり、小向美奈子のようにAV転身説も取り沙汰されている。

二〇一六年三月二九日、東京地検は高部を起訴猶予処分とした。「所持量が微量で、社会的制裁も受けているなどの事情を考慮した」と説明している。あまりに過酷な人生の汚点を背負ってしまった高部だが、いくらでもやり直しがきく二七歳という若さだ。もし子供を生む気なら、これを機に芸能界の黒い人脈との関係をきれいに断ち切ってほしいと願うばかりである。

2　清水芹夏

芸能界挫折の顛末

二〇一四年　麻薬及び向精神薬取締法違反・覚せい剤取締法違反

きよみず・せりか。一九九〇年生まれ。元タレント、元女優。

二〇〇九年に関西テレビ『お笑いワイドショー　マルコポロリ！』のリポーター役でデビュー。二〇一一年四月より『王様のブランチ』で一年間リポーターを務めた。二〇一二年にテレビドラマ『三毛猫ホームズの推理』に出演した他、ラジオや舞台でも活動していたが、同年末から芸能活動を休止。この頃から夜遊びに興じるようになり、知人の間でも奇行が評判になっていた。

『王様のブランチ』元リポーターの素顔

二〇一四年一一月八日、秋田県警と警視庁の合同捜査本部が東京都目黒区の男性宅を家宅捜査した。その際一緒にいたタレントの清水芹夏が連行され、尿検査で薬物の陽性反応が検出された。コカイン使用容疑で起訴された後、同月二一日には覚醒剤使用容疑で再逮捕された。清水は容疑を認めている。

彼女の名前にピンと来た人はほぼ皆無だろう。以前に『王様のブランチ』のリポーターを務めていたことから、またもや芸能界の薬物汚染発覚かと話題になったが、実際は二〇一二年末から芸能活動を休止し、二〇一三年には事務所の契約も終了していた。報道では常に『王様のブランチ』の出演歴が喧伝されたが、清水がリポーターを務めたのは一年間で四、五回程度であり、女優活動もごくわずかという細々としたタレント活動だった。

愛媛県松山市出身の清水は青山学院女子短期大学入学を機に上京。子供の頃からジャズダンスを習い、学生時代は週五でダンスレッスンに通っていた。スタイルを維持するため、友人と外食しても鶏のささみと野菜しか食べないというかなりストイックな生活を送っていたというが、逮捕後に流出した画像を見る限りダイエットどころではない激痩せぶりだ。

『王様のブランチ』出演時の姿を見ると、うぶな短大卒女子といった印象だが、逮捕後の画像では左肩に英語のタトゥーが入り、光り物で身を飾った神秘的なイメージに変貌していた。見方によってはかなり病的な印象である。

芸能活動休止後はデジタルファッションマガジン制作の仕事に就いていたが、人間関係のストレスもあってか、この頃からクラブやパーティーで自分を解放するようになった。仲間内のイベントでＤＪ活動も始めており、タレント業以外で何かしら表現の場を見つけ出そうとしていたのかもしれない。

芸能活動休止後の交友関係

もともとはお酒も飲めないおとなしい女性だった。それがいつ頃からか頻繁に朝帰りをするようになり、仕事の打ち合わせをすっぽかしたこともあった。逮捕時に一緒にいた男性はレイブイベントで知り合ったとされている。彼女のツイッターやブログもレイブイベントの話題が中心となり、次の書き込みのように明らかに薬物使用が見てとれるつぶやきを残している。

「最近夢が鮮明すぎて現実と混沌としてしまいまさかの今日くだらない会話なんだけど、大丈夫?って言われた。笑　これ病気?　本当夢の世界のレベルが最近上がった。笑」（原文ママ）

そして逮捕三日後の一一月一一日にはツイッターで「負けないのだ！」というつぶやき。もちろんツイッターとブログ

タレント時代は清楚だった

は事件発覚後すぐに炎上した。

逮捕時に一緒にいた男性は暴力団関係者とされている。いつ頃からか清水の遊び仲間は地下格闘技グループの危ない雰囲気の輩が中心となり、以前の彼女を知る知人の証言では、まったく人が変わったようで近寄れない雰囲気だったという。

気になるのは秋田県警が家宅捜査に入ったことだ。一緒にいた男性が秋田県と関わりがあったか、あるいはレイブイベントが地方で行われることが多いことから、秋田県内における薬物逮捕者の入所ルートを辿っていったところ、その男性に行き着いたのか憶測の域を出ない。

これが芸能界とまったく関わりのない一般女性であったなら、よくあるケースの初犯事件にすぎない。全国的なニュースになって薬物使用者として有名になってしまったことを考えると、彼女の一番の不幸とは安易に芸能界に足を踏み入れたことだったと思えてくる。

3　田中千鶴
元アイドルの女社長の失敗

二〇一一年　覚醒剤取締法違反

たなか・ちづる。一九七七年生まれ。元タレント、元芸能プロダクション社長。

一九九二年に「第6回全日本国民的美少女コンテスト」の音楽部門賞を受賞しデビュー。オスカープロモーションに所属し、アイドルグループ「東京パフォーマンスドール」で活動後、バラエティ番組やテレビドラマに出演。二〇〇四年に芸能活動を休止したが、二〇〇六年に活動を再開。二〇一一年に芸能プロダクションを設立した矢先に逮捕された。

東京パフォーマンスドールから女社長へ

二〇一一年一一月二五日、元タレントで芸能プロダクション社長の田中千鶴が、東京都渋谷区の自宅兼事務所にいたところを覚醒剤取締法違反容疑で警視庁立川署に逮捕された。同年夏に覚醒剤を使用した疑いによる捜査だったが、逮捕当日の尿検査で覚醒剤反応が陽性となり、田中も使用を認めた。逮捕当日のブログで「緊急入院しました」と記し、その後ブログは削除された。二〇一二年一月には執行猶予付きの有罪判決が下っている。

篠原涼子や穴井夕子を輩出したことで知られる九〇年代のアイドルグループ「東京パフォーマンスドール」（TPD）の元メンバーの逮捕として話題になったが、当時はメンバーの入れ替わりが非常に激しく、元TPDの経歴を持つ女性が芸能界周辺にごろごろいた。田中も正規メンバーではなく、研修生として数カ月活動したにすぎず、中心メンバーに比べると日陰の存在だった。

その後、元TPDという肩書きでバラエティ番組やテレビドラマに出演していたが、それも田中が十代後半から二十代前半にかけてのことで、芸能活動はどんどん先細りになっていた。そしてデビューから一二年を経た二〇〇四年にオスカープロモーションを退所して芸能活動を休止。さすがに芸能活動に限界を感じたものと思われるが、やはり華やかな芸能界に未練があったらしく三十路目前の二〇〇六年に活動を再開している。ただし目立った芸能活動をしていた様子はない。

きっと田中は芸能界の夢を捨てきれずに足掻き続けていたのだろう。もともと「全日本国民的美少女コンテスト」の音楽部門を受賞したことがデビューのきっかけだっただけに、本来は歌唱力で勝負したかったのかもしれない。タレント活動休止後に高橋真梨子の名曲『ｆｏｒｙｏｕ』をカバーしたＣＤを発表したりもしていた。そして二〇一一年八月に「タレントを総合プロデュースしたい」として株式会社キャストを設立。芸能人のマネジメント業に活路を見出そうとし、本人もやる気満々だった。

会社設立資金をめぐる黒い噂

この頃から田中の六本木界隈の夜遊びが盛んになっていった。暴力団関係者や薬物絡みの遊び人など悪評高い人物と交遊を持つようになったとされるが、弱小プロダクションが生き残るための芸能界特有の営業活動だったのかもしれない。

芸能界への執着から泥沼へ

いずれにせよ田中自身が闇に飲み込まれる結果になってしまった。

当初は田中の逮捕をきっかけに芸能人が芋づる式に検挙されるのではないかと噂されたが、田中は自身のブログでそうした取り調べは一切なかったと否定している。たしかに田中に関連する新たな逮捕者は出ていないようだが、もともと田中自身が芋づる式に検挙された一人だったとする説もあるのだ。

『週刊新潮』（二〇一二年二月一六日発売号）の記事によると、田中は二〇一一年五月に発生した立川六億円強奪事件との関与を疑われていたという。立川市の警備会社から国内最高被害額となる約六億円が強奪された事件だが、実行犯の暴力団関係者が逮捕され、関与した二〇人の逮捕者が出たものの被害額のうち三億六千万円はいまだ未回収だ。この事件に関与した人物が田中の住むマンションに出入りしていたというのだ。そのため立川署が田中を事情聴取したところ、覚せい剤の使用が発覚し逮捕に至ったとしている。同年七月に田中はキャラクターグッズ関連の会社を設立しているが、その資金となった現金五〇〇〇万円の出所など、たしかに不審な点が多いのだ。

真相は不明であり、田中はまったくの無関係かもしれない。しかし、一度でも覚せい剤常習者のイメージが付いてしまうと、彼女なら関与していてもおかしくない、と受け止めるのが世間というもの。もともと茨城県の呉服屋のお嬢様だった田中は芸能界から身を引いて現在は北関東で暮らしているというが、三十代にして早くもひっそりとした余生を送っているようだ。

4　高橋歩美

人気モデルの転落

二〇一一年　大麻取締法違反（懲役二年、執行猶予三年）／**二〇一二年　覚せい剤取締法違反**（懲役一年六カ月）

たかはし・あゆみ。一九八五年東京都生まれ。モデル。ファッション誌『ｐｏｐｔｅｅｎ』専属モデルとして人気を博し、テレビＣＭや雑誌広告で活躍する他、映画やＶシネマで女優としても活躍。二〇一〇年頃からＤＪ活動を始め、この頃から薬物を使用するようになったと見られている。

人気ファッションモデルの逮捕

モデルの高橋歩美が二〇一一年八月三一日、自宅マンションに乾燥大麻〇・九グラムを所持していた容疑で逮捕された。懲役二年、執行猶予三年の判決が下されたが、呆れたことに執行猶予中の二〇一二年五月に覚せい剤を使用した疑いで再逮捕された。同年九月に懲役一年六カ月の実刑が言い渡され、実質的に芸能界引退となった。

一般的な知名度はそれほどでもない高橋だが、もともとは『ｐｏｐｔｅｅｎ』専属モデルとして芸能活動を始め、同期にモデルからタレント化した益若つばさや小森純がいることからもわかるように、当時は女子中高生から絶大な支持を得るポップアイコンだった。その後、花王の「ビオレさらさらパウダーシート」や「コカ・コーラアクエリアス」のテレビCMに出演し、二本の映画に出演するなど、二〇一〇年前後は順調に仕事の幅を広げていたようだ。

ストリート系ファッション誌のモデルだった彼女のことだから、もともと流行りの遊びには敏感だったようだ。芸能活動と並行して二〇一〇年頃から大箱のクラブで本格的なDJ活動を始め、この頃から薬物を使用するようになったと見られる。この活動のきっかけとなったのが、酒井法子の元夫である高相祐一と親しかった大物プロデューサーの手引きとされ、実際、高橋はエイベックスのイベントでDJデビューしている。薬物に手を染める芸能人は、直接的でないにせよ共通の知人を介してつながりが出てくることが興味深い。

執行猶予中に再び薬物使用

ネットの世界では、高橋の逮捕直前にあたる八月二七日付けのブログタイトルが「やってしまった」だったことに注目が集まった。この日、高橋は携帯、財布、化粧ポーチなどが入ったバッグを紛失。この中に薬物や吸引パイプが入ったことで足がついたのではないかと憶測されたが、実際のところは、交際相手だった暴力団関係者が事件を起こし、その際の家宅捜査で部屋から大麻が発見されている。

この経緯も実に愚かしいもので、高橋の交際相手が交通事故を起こし、知人を身代わりとして出頭させたことが捜査の発端だった。つまり当初は犯人隠匿容疑だったのだ。たまたま部屋で大麻が発見されてしまい、高橋は「交際相手の兄から買ったもので、あぶって使った」と供述。この交際相手の兄もやはり暴力団関係者で、すでに別の事件で逮捕されていた。

バッグの紛失や交際相手の事件に巻き込まれての逮捕など、不運が重なったようにも見えるが、結局は自業自得と言わざるをえない。執行猶予中に覚せい剤に手を出していることからもわかるように、比較的軽いドラッグといわれる大麻だけでなく、すでに覚せい剤というハードドラッグに依存して自制がきかなくなっていたと思われるのだ。

高橋の裁判を傍聴した人の話では、モデル時代のスレンダーな美貌は見る影もなく、ぽっちゃりとした中年女性のような姿に変貌していたという。覚せい剤を使用すると極端に食欲がなくなり激痩せするとされているが、逮捕により覚せい剤が断たれ、食欲が復活したのだろう。高橋は出廷の間際、号泣しながら「元気でね」と家族に声をかけ、いつまでも手を振り続けていたという。

薬物疑惑の多いエイベックス案件の一人

今回の逮捕によって覚せい剤を断絶できたとしたら、むしろ彼女の人生にとっては好ましい状況だったと言えるかもしれない。

5　愛沢ひな

過激ＡＶ女優の転落人生

二〇〇九年　覚せい剤取締法違反（懲役一年六カ月、執行猶予三年）

あいざわ・ひな。一九八四年生まれ。ＡＶ女優。

二〇〇六年にh. m.pよりＡＶデビュー。二〇〇七年よりワンズファクトリーの専属女優としてセルデビュー。当初は〝中出し〟を売りにした単体女優として人気を集めたが、やがて逆輸入の無修正作品に出演するようになった。二〇〇九年に覚せい剤取締法違反の逮捕を受けて引退したものと思われたが、実際は前年の二〇〇八年に現役引退していた。

ハードプレイが売りのＡＶ女優

マニアックなＡＶファン以外は、愛沢ひなと言われてもぴんとこないだろう。業界関係者によると、中山美穂にも似たエキゾチックな顔立ちでありながら、〝中出し〟や凌辱物などハードなプレイをさらりとこなし、とことん過激なＡＶ女優として人気を集めていたという。

　そんな彼女が二〇〇九年六月二七日、覚せい剤取締法違反の容疑で逮捕された。尿検査で覚せい剤の陽性反応が出たばかりか、家宅捜索の際に使用済みの注射器も見つかっていた。同年九月四日には懲役一年六カ月、執行猶予三年の有罪判決を受けた。

　もともとは地元北海道のキャバクラで働いていたが、二〇〇六年にＡＶメーカー最大手のh．m．pよりデビュー。その後はセルＡＶメーカー専属女優となり、合わせて十数本のＡＶに出演した。その他、過去作を編集したものと思われるオムニバス作品にも何本か出演しているが、むしろ彼女の名がＡＶファンに浸透したのは、逆輸入物の無修正作品に多数出演していたためであった。

　ＡＶ業界では、最初は高額報酬の単体女優からスタートし、次第に企画物や複数の女優が出演するオムニバスに格下げされ、それに伴ってギャラが下がっていくのが通例だ。しかもギャラの安い仕事ほど内容もハードになり、撮影現場も素人に毛が生えたようなスタッフばかりになる。

　女優からしてみると「落ちるところまで落ちた」という実感が伴うばかりか、贅沢に慣れた生活を維持するためにキャバクラや風俗など別の仕事と掛け持ちをする必要が出てくる。愛沢も例にもれず、ＡＶ女優として活動する一方で、池袋のキャバクラで働き、カメラ小僧向けの撮影会で副収入を得たりしていた。

逮捕のきっかけは「タレコミ」

ＡＶ女優のギャラはピンキリであり、メジャーな単体女優以外は一五万円程度や一〇万円以下というのが相場だ。そのため中堅どころのＡＶ女優が稼ごうとすると、自ずと出演本数で稼ぐか、よりハードなプレイをこなすしかない。そうした事情もあって愛沢は多数の無修正作品に出演するようになったものと考えられる。

こうした経緯から精神的に荒んでしまい覚せい剤に手を出したのか、もともと覚せい剤を使用していたため当初からハードなプレイをこなしていたのか。もし後者のパターンだとすると、覚せい剤を買うお金欲しさでＡＶに出演し、多額の現金を得たことでますます覚せい剤にハマっていった可能性もある。あるいは闇社会の住人が彼女を薬漬けにして、都合のいいＡＶ女優に仕立て上げたか。

ＡＶの世界で使い捨てられた愛沢

注目すべきは逮捕のきっかけが「タレコミ」だったことだ。しかし、愛沢は商売敵による潰しの対象になるほどのビッグネームというわけでもなかった。逮捕後にオムニバス作品がリリースされているが、実際のところ撮影されたのは逮捕前の二〇〇八年までのことで、本人もその時点で「Ａ

Vは辞めた」と話している。引退後は銀座のクラブで働いていた。タレコミ先が明らかになっていないため憶測の域を出ないが、恋人を寝取られた女性、あるいはホステスの同僚などAV業界とは別のところから通報があった可能性もある。

最強のセックスドラッグとされる覚せい剤の闇は深い。彼女が出演したAVの動画が今もネットで流れているうえに、今回の事件で本名まで晒されたことを思うと、その代償はあまりにも大きい。過去と決別し、どこかで静かに再起していることを願うばかりである。

6　倖田梨紗
寂しさから覚せい剤に

二〇〇八年　大麻取締法違反・覚せい剤取締法違反（懲役一年六カ月、執行猶予三年）／**二〇〇九年覚せい剤取締法違反**（懲役一年四カ月）

こうだ・りさ。一九八五年生まれ。元AV女優。レースクイーンを経て二〇〇五年にAVデビュー。倖田名は歌手の倖田來未にあやかったもの。カリスマAV女優として人気を博したのち、二〇〇八年二月にAV女優を引退後、キャバクラ嬢に転身。覚せい剤事件で服役後、二〇一二年に自伝を出版している。

二〇〇八年一〇月一五日、当時六本木でキャバクラ嬢をしていた倖田の住む港区のマンションから、覚せい剤〇・〇二グラムと乾燥大麻〇・七〇七グラムグラムが見つかった。覚せい剤と大麻は、1LDKの室内に置かれていた応接テーブルの引き出しに、無造作に入れられていた。室内からは、覚せい剤をあぶって吸うためのガラス製パイプも押収された。倖田は二〇〇七年八月頃から覚せい剤を常用するようになり、月に一度、都内のホテルで売人から、覚せい剤〇・一グラムを二万円で買っていた。

覚せい剤に手を染めたきっかけは、父親代わりに育ててくれた祖父の死と、同棲していた恋人との別れだった。のちに『FRIDAY』（二〇一二年一二月九日号）で倖田が語ったところによれば、恋人は「人気グループのアイドル」で、「彼が会いたがっている」と友達にクラブで紹介された。最後は「彼」とケンカし、倖田が一方的に怒ったまま家を飛び出してしまったという。この「彼」とは元ジャニーズ・KAT－TUNメンバーだった田中聖と見られている。田中は、AV女優などの生い立ちの不幸な翳りのある女性を、放っておけずに付き合うようなところがあった。倖田は寂しさを紛らすため、AV時代の仕事仲間に密売人を紹介してもらった。気を遣う接客業のキャバクラ嬢が肌に合わず、仕事上のストレスもあったようだ。

逮捕時はプロテニスプレイヤーの宮尾祥慈と半同棲しており、倖田に続いて芋づる式に大麻取締法違反容疑で逮捕された。宮尾も「赤西軍団」として当時ジャニーズ所属の赤西仁らと親しかったため、ジャニーズタレントにも捜査の手は及んでいたらしいが、結局摘発には至らなかった。

一二月三日の初公判で、紺のジャージに金髪を束ねて出廷した倖田は、密売人や薬物関連の友人の携帯アドレス・番号を消去して連絡不可能にすると誓った。即日結審で懲役一年六カ月、執行猶予三年の判決を受けた。ところが執行猶予中の二〇〇九年二月九日、覚せい剤使用の疑いが持たれ、任意提出した尿から覚せい剤反応が出たことで、再び逮捕される。ホステスの友人の家に行った際、友人が覚せい剤をやるのを見て、我慢できなくなって再び始めてしまったのだという。倖田は本気で反省し、心から更正したいと思っていたはずなのだが、あっけなく誘惑に負けてしまうのが覚せい剤の恐ろしさである。執行猶予は取り消され、懲役一年四カ月の実刑判決を受けた。

二〇一一年三月、福島刑務所から仮釈放される。以後二年ほど、アパレル派遣店員、懐石料理屋の従業員として働きながら、グラビアにも復帰した。また自叙伝『依存症薬に溺れた弱い私』を上梓し、母親はパーキンソン病を抱え、父親はいなかったという過酷な生い立ちや、覚せい剤との関わりなどを赤裸々に綴っている。

そして一三年五月には一作限定『復活　倖田梨紗』でAVにも復帰している。

ＡＶの仕事には充実感があったという

7 酒井薫子

セレブママの逮捕

二〇〇七年　麻薬及び向精神薬取締法違反（懲役一年六カ月、執行猶予三年）

さかい・かおるこ。一九七八年生まれ。元タレント。
元ｇｌｏｂｅのマークパンサーの妻。

酒井といえば、マークパンサーの妻であると共に、資産家の娘であることでも有名だ。放蕩お嬢様で、中学生の頃からクラブに出入りしていたという噂もある。そんな遊び人でキュートな酒井にマークが一目惚れし、二〇〇二年デキちゃった結婚、娘も生まれた。二〇〇四年には代官山でベビー用品のセレクトショップをオープンする。若い母親のファッションリーダー的存在で、「セレブママ」として雑誌にも登場するなどもてはやされていた。

ところがセレブママは突然逮捕され、彼女にあこがれていた女性たちを驚かせる。

二〇〇七年六月一八日午前五時四〇分頃、東京都港区六本木の路上で、停車していた乗用車内に知人と二人でいたところを職務質問された際、バッグの中から白い粉の付いたビニール袋が見つかっ

郵便はがき

おそれいりますが
52円切手をお貼り
ください。

6638178

（受取人）
兵庫県西宮市甲子園八番町二−一
ヨシダビル301号

株式会社
鹿砦社
関西編集室　行

◎読者の皆様へ

ご購読ありがとうございます。誠にお手数ですが裏面の各欄にご記入の上、ご投函ください。
今後の小社出版物のために活用させていただきます。

読者カード

ふりがな
お名前　　　　男・女　　　　年生れ

ご住所
〒　　　　☎

ご職業
(学校名)

所属のサークル・団体名

ご購入図書名　芸能界薬物汚染　その恐るべき実態

ご購読の新聞・雑誌名（いくつでも）

本書を何でお知りになりましたか。
イ　店頭で
ロ　友人知人の推薦
ハ　広告を見て（　　　　　）
ニ　書評・紹介記事を見て（　　　　）
ホ　その他（　　　　　）

本書をお求めになった地区

書店名

本書についてのご感想、今後出版をご希望のジャンル、
著者、企画などがございましたらお書きください。

た。袋と尿の任意提出を受けて検査したところ、ビニールに付いていた白い粉は麻薬のケタミンで、尿からはケタミンの他にコカインの陽性反応も出た。調べに対し酒井は「コカインについては知らない。白い粉は胃が痛い時に痛み止めとして飲んでいた」と容疑を否認した。ケタミンは麻酔剤として医療の現場で用いられる薬物で、幻覚作用がある。この時は辛くも逮捕には至らなかった。

しかし九月四日、八月末のハワイ旅行中に現地の友人にもらったMDMA（エクスタシー）を九月二日に服用した疑いで、羽田空港にいたところを逮捕されてしまう。自宅が捜索されたが、容疑を裏付けるものは見つからなかった。捜索には夫のマークが立ち会い、その際事情聴取も受けた。

公判で酒井は起訴事実を認め、「自宅でお酒を飲んで胃が痛み、胃薬を探してスーツケースを開けたら、薬ケースに胃薬と一緒にエクスタシーが入っていた」と述べた。酒井は三年前にスキルス胃がんの手術を受けていたという。「私の事件なのに、芸能人の主人の仕事がダメージを受けた。私のせいだ」と涙を流した。

裁判官は夫のマークが提出した「妻の行動を注意、監督する」との上申書を読み「再犯の恐れがあるが反省している」として懲役一年二カ月、執行猶予三年の判決を言い渡した。

その後は再犯もなく、夫婦で店を経営するなど、円満な生活を送っているようだ。

8　水無　潤

ＡＶ女優の壮絶な人生遍歴

二〇〇五年　大麻取締法違反・麻薬及び向精神薬取締法違反（懲役二年、執行猶予三年）

みずな・じゅん。一九七九年生まれ。元ＡＶ女優、元ストリッパー。ショーダンサーとして活動を始め、その後、アメリカのダンススクールに二年間通った。韓国ポルノの女優として活動した後、日本に帰国してストリッパー兼ＡＶ女優として活動。逮捕後は、積極的に薬物撲滅運動をしている。

十代から薬物依存に

ＡＶ女優には少女期の性的虐待や自殺未遂といった辛い過去を語る女性が少なくない。社会に居場所を見つけられずにいた彼女たちは、むしろＡＶの世界に居場所を見つけ、救われたと感じていたりするものなのだ。そんな過酷な運命を背負ったＡＶ女優の一人が水無潤だ。二〇〇五年一〇月に覚せい剤とＭＤＭＡの使用容疑で逮捕され、懲役二年、執行猶予三年の判決が下っているが、そこに至るまでの人生は映画さながらに壮絶だ。

北朝鮮と日本人のハーフとして廃材輸出業者の家庭に生まれた水無は、幼少期に変質者による性的虐待の影響から男性恐怖症になり、物心つく頃にはバイセクシャルであることを自覚するようになったという。それもあってか境界性人格障害にずっと苦しんで来たようだ。

中学生の頃には援助交際に明け暮れ、一六歳の時に初めてドラッグに手を出した。家出、妊娠発覚、高校退学処分等々、荒んだ十代を歩んでいたが、通信制高校卒業を機にダンサーになる夢を抱くようになる。

トップレスショーのダンサーとなってしばらくして、水無は別のショークラブに引き抜かれ、ヤクザ者の男と一緒に店を任されるまでになった。この頃から水無は覚せい剤に依存し始めたようだ。覚せい剤を資金源とするヤクザの世界ではむしろ覚せい剤使用はご法度。男が必死に止めたにもかかわらず、水無はダンサー業と経営の両立による過労をクスリで誤魔化すようになっていた。そしてついには覚せい剤の多量摂取により意識不明の重体となる。

これがきっかけで男に捨てられた水無は無一文で単身ニューヨークへ旅立つ。ダンサーの夢を叶えるべく、二年間レッスンに通う日々を送ったが、その一方で韓国人が経営する売春宿で日銭を稼いでいた。この時、韓国人ママからポルノ女優の話を持ちかけられ、李潤という名で韓国ポルノにデビューしている。ちなみに韓国ポルノは疑似本番で、その後のＡＶ出演に比べるとずっとソフトなものであった。

三年ぶりに日本に帰国した水無は、再び六本木のショーダンサーとして働き始めた。この時出会ったのが、客の一人だった外国籍の大物ドラッグディーラーだ。すぐに惹かれ合い同棲するようになったが、二人が暮らすアパートはドラッグの売人が出入りするアジトになり、部屋の名義人は水無になっていた。実質的に彼女がドラッグディーラーの片棒を担いでいたことは確かだ。同時に多数のAVに出演するようになったのもこの時期だと見られる。常に危険と隣り合わせだったが、その分生きているという実感のある充実した日々でもあった。

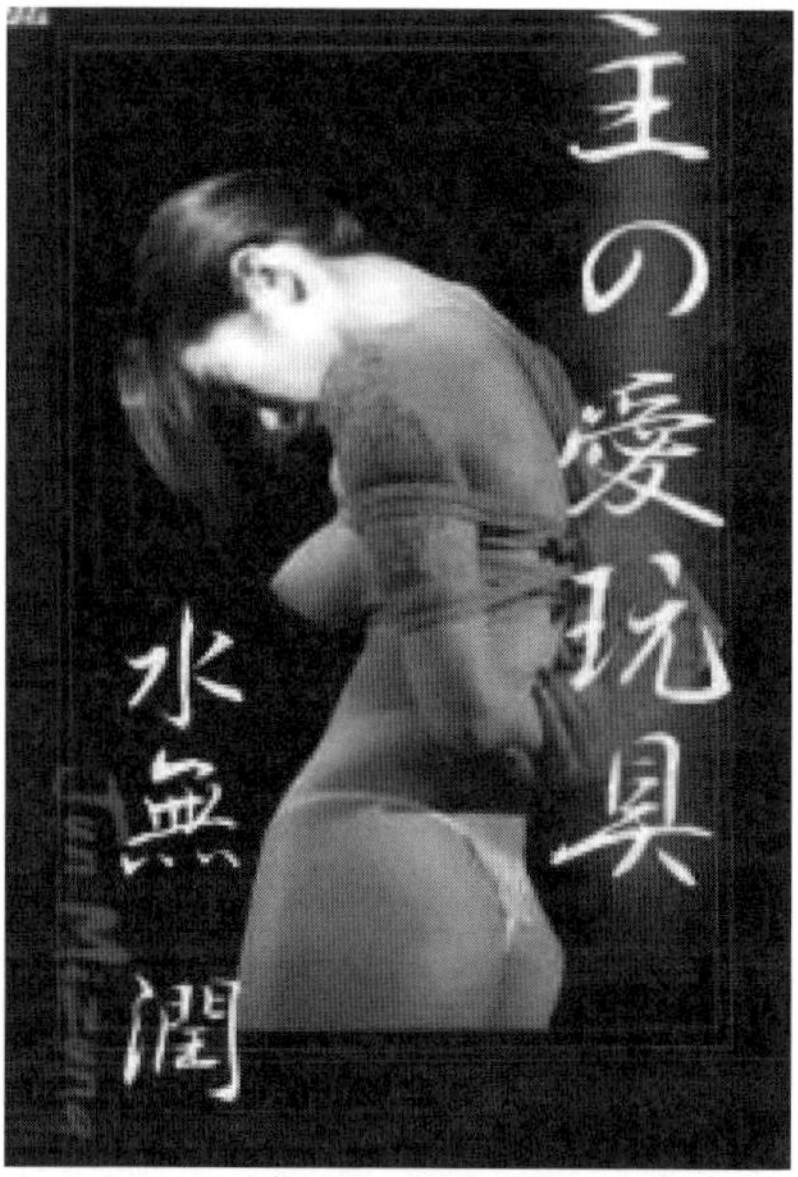

フィクションに負けない壮絶人生を歩んできた

自ら破滅を選んだ女の再生

二転三転する彼女の人生遍歴はまだまだ続く。世間的には日陰者同士の最低のカップルだったが、この頃の水無は幸せの絶頂にあった。男に心底惚れていたのだ。しかし、皮肉なことに男への執着が破滅の発端でもあった。

男の携帯で薬物購入者の電話番号がまだ生きているかを一件一件確認していたところ、水無は浮気を疑いようがない男のセックス画像を発見してしまう。怒りに我を失った水無は自ら命を絶とうと自傷行為をしたうえに大量の薬物を摂取。しかし、死ぬことはできなかった。

後日、男が寝ている部屋で覚せい剤の粉末を飲んだうえで、母親に連絡して警察を呼んでもらった。男と仲間たちは慌てふためいて部屋から逃げ去ったが、その後、男は殺人未遂を犯して全国に指名手配され、那覇空港で逮捕されている。

つまり水無は男女関係のもつれから自棄を起こし、自ら警察に捕まったのだ。おそらく覚せい剤によって躁うつ状態が激しくなり、自制が利かない状態にあったのだろう。その時彼女はただ世界を終わらせてしまいたいとだけ願っていたという。

あまりに救いようのない顚末に暗澹たる気分になるが、この逮捕劇はむしろ彼女の再スタートの始まりでもあった。

その後しばらくはフリーランスでアダルト業界や舞台などで活動していたが、実のところ完全に覚せい剤を断ち切れていたわけでもなかったようだ。多くの元覚せい剤使用者が語るように、生涯に渡って依存症が付いてまわることが覚せい剤の本当の怖さである。

水無が覚せい剤を断ち切るきっかけとなったのが、元暴力団幹部という過去を持つアウトロー作家の中野ジローとの出会いだった。二〇歳で覚せい剤に手を出し、売人でもあったことから逮捕歴一七回、服役七回という前科がある人物であり、実体験を通して誰よりも覚せい剤の恐ろしさを理解している。

覚せい剤を断ち切れずにいた水無に対し、中野はそれを取り上げてトイレに流すなど徹底的に阻止した。そして二〇〇九年六月に二人は結婚。同年に薬物撲滅のデモを二人で主催しているが、この時、水無のお腹には中野の子がいて、生まれてくる子供には絶対に薬物に手を出してほしくないという強い思いがあったようだ。

長女の出産後、水無の表立った活動はほとんど見当たらないが、夫の中野ジローが二〇一六年の清原事件に際してコメンテーターとして登場していることからも、二人は現在も覚せい剤とは無縁の生活を送っているようだ。娘も六歳になり、きっと母として子育てに専念しているのだろう。重度の覚せい剤依存から再起した好例として、今後も何事もないことを期待したい。

第四章

ミュージシャンの薬物事件

1　田口智治

あまりにもあっけない再犯

二〇一五年　覚せい剤取締法違反（懲役一年六カ月、執行猶予三年）／**二〇一六年　覚せい剤取締法違反容疑**

たぐち・ともはる。一九六〇年生まれ、キーボード奏者。高校時代より近藤真彦のバックバンド「ダブルス」でプロとして活動を始めた。一九八四年C-C-Bに加入、一九八五年『Romanticが止まらない』でブレイク。一九八九年の解散後は特定のバンドに所属せず、様々なアーティストと組んで活動している。クリスチャンであることを明言しており、ボランティア活動に熱心なことでも知られる。

二〇一五年七月二日午前一一時三五分頃、神奈川県警が田口の自宅を家宅捜索したところ、机の上で覚せい剤一・九五グラムを発見、田口は覚せい剤取締法違反容疑で現行犯逮捕された。他にガラスパイプ一本と携帯電話三台なども押収された。

二〇一四年一一月に中東系外国人の密売グループを捜査した際、携帯電話にあった客の番号が、四月になって田口のものと確認されて逮捕に結びついた。田口は「自分で吸うために持っていた」

と容疑を認めた。田口と六月に会っていた音楽関係者は「そういう兆候はまったく見られなかった」と話している。

九月一六日、横浜地裁で開かれた初公判に、黒のスーツに真っ赤なネクタイを締めて臨んだ田口は、裁判官に職業を問われると「ミュージシャンです」と答えた。

田口が初めて覚せい剤に手を染めたのは一〇年前。上野で外国人の売人に声をかけられ、興味本位で買った。その後時々売人から覚せい剤を勧める電話があり、定期的に購入し常用していたが、自ら買っていたのは半年前が最後だった。しかし逮捕の一カ月ほど前から、覚せい剤で有罪判決を受けたことのある知人が、家族から見放され住む場所がないというので、自宅の二階に居候させた。すると、その知人が家賃代りにと覚せい剤をくれたので、半年ぶりに使用したという。友人の部屋からは注射器や電子量りが出てきたというが、田口は友人の部屋にはほとんど出入りしておらず気がつかなかったそうである。

覚せい剤を使った理由として、作曲など創作活動で集中するためだと述べた。

田口の逮捕の少し前、C-C-Bのリーダーでベーシ

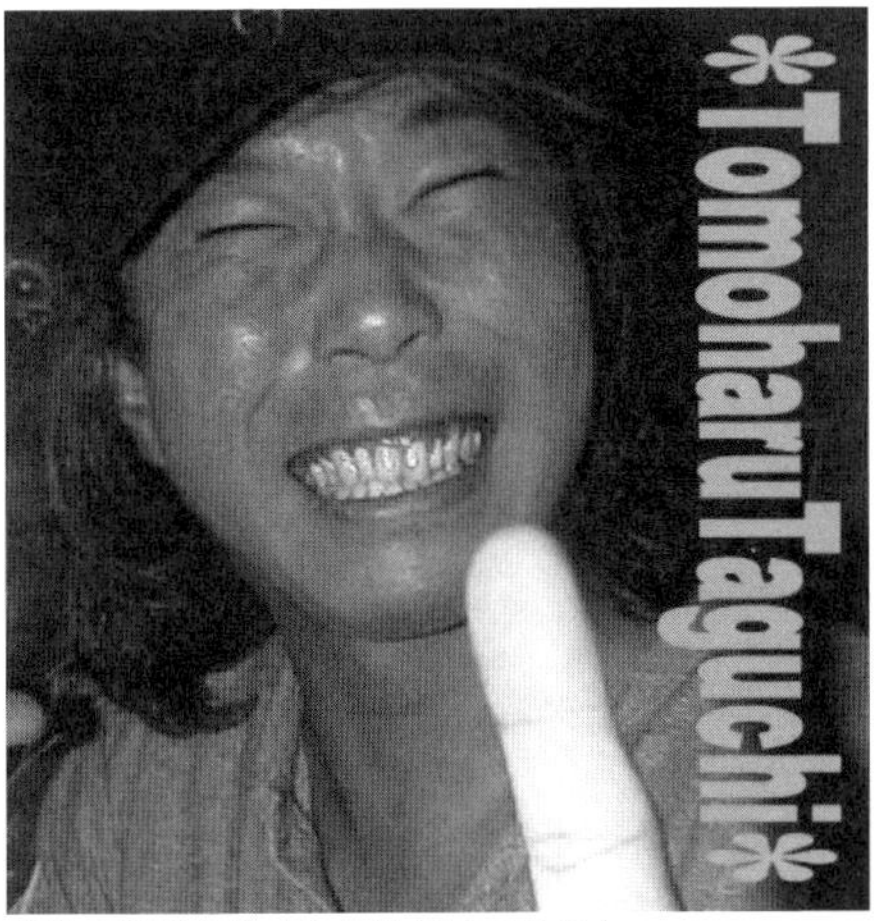

本当の笑顔を見せられる日は来るのか

ストだった渡辺英樹が大動脈解離で入院していた。六月一四日からC-C-Bの元メンバーらでツアーを行う予定だったが、渡辺の病気で中止になっていた。入院から一カ月後、田口の勾留中に渡辺は意識が戻らないまま亡くなり、田口は渡辺の死を新聞で知ることになった。葬儀にも参列できず、田口はそのことを悔いて涙ぐんだ。

また、逮捕後都内の自宅に戻ると、近所の人たちから温かい言葉をかけられたと話し、「本当に申しわけないことをした」と反省の言葉を口にした。「これからは、病院で薬物治療を行い、音楽を通じた社会貢献を行いたい」と訴えた。即日判決で懲役一年六カ月、執行猶予三年の有罪判決が言い渡された。

翌日、自身のHPに「お詫び」と題した直筆の謝罪文を掲載し、「この判決を真摯に受け止め、自分の甘さを改め、しっかり自分自身と向き合い、今の自分にできることを一歩ずつ歩んでいきます」と記している。

ところが、判決を受けてからわずか七カ月後の二〇一六年四月一四日、田口は覚せい剤容疑で再び逮捕される。反省の言葉に嘘はなくても、あっけなくこういう結果になってしまうのが覚せい剤の恐ろしさである。田口個人の弱さだけを責めても解決することではない。薬物依存の治療やリハビリシステムの充実が強く望まれる。

2　渥美尚樹

危険ドラッグで起こした交通事故

二〇一四年　薬事法違反

あつみ・なおき。作曲家、編曲家、DJ。元エイベックスの音楽プロデューサー。一九九六年にゲーム音楽のリミックスでヒットを出し、その後人気歌手のリミックスブームに乗って、全盛期の浜崎あゆみやELTの楽曲を手掛けた。

二〇一四年九月二三日、渥美尚樹（当時四七歳）は、東京都世田谷区で、危険ドラッグを吸って軽乗用車を運転中にタクシーに追突する事故を起こし、道路交通法違反容疑で逮捕される。逮捕の際は奇声を上げて暴れまくり、多くの警察官に取り押さえられ、その異様な様子はYouTubeにアップされた（今は削除されている）。二五日に送検され、「危険ドラッグを吸い、車に乗り込んだ直後に事故を起こした」と供述。車内からは、二種類の指定薬物の成分を含む危険ドラッグの植物片〇・八三三グラムが見つかった。成分はそれぞれこの年の六月と七月に禁止されたばかりのものである。「以前都内の販売店で買った残りを吸った」とのことだった。渥美は危険ドラッグを一〇年前から使っていたといい、ずっと野放しで使い放題だったことになる。ちょうど一〇年ほど前から、渥美におかしな様子が見られるようになっていたようで、最近では音楽の仕事をすることもほとんどなくなって、「元作曲家」「自営業」などと報じられていた。事故の際、アクセルを踏むなどの運転行為が確認できなかったことから道路交通法違反容疑は不起訴になったが、薬事法違反容疑で再逮捕された。

渥美の父は、NHK大河ドラマや『ザ・ガードマン』『太陽にほえろ!』などに出演した名優の渥美國泰である。江戸時代の書画にも通じた美術評論家でもあった。その父が二〇〇九年に亡くなり、「偲ぶ会」を催した際、主催関係者が皆スーツで臨む中、渥美は一人ジーパン姿で参加し、非常識にも見えたという。

危険ドラッグは覚せい剤など従来の薬物より安価で敷居が低く、一般人の間にも急速に広まりつつある。しかしその危険さは従来の薬物に劣らないということを、如実に教えてくれた事件だった。

3　大庭宏典
イケメン作曲家の転落

二〇一四年　覚せい剤取締法違反／二〇一五年　覚せい剤取締法違反

おおば・こうすけ。一九八一年生まれ。ミュージシャン。

オオバコウスケ名義で、ＡＫＢ48や嵐など、多くのアイドルに楽曲を提供している。

二〇一四年一一月三日、大庭は東京都中野区の自宅で息苦しさを訴えて、病院に搬送され治療を受けた。その際「数日前に覚せい剤を使用した」と話したことから、警察に通報され、警察官が尿検査を実施したところ覚せい剤の陽性反応が出たため緊急逮捕された。

大庭は多くの人気アイドルの曲に関わっていたので、ファンの間では逮捕に伴いＣＤ回収などの措置が取られるのではと不安の声があったが、編曲やシングルのカップリング曲など目立たぬものが多かったことが幸いし、あまり影響はなかった。

前年ぐらいから大庭の言動がおかしくなり、同業者から敬遠されるようになっていたというが、この事件を機に音楽関係者が彼から離れ、仕事もほとんどなくなったようだ。

しかし大庭はその後も覚せい剤と縁を切ることができなかった。二〇一五年九月、大庭が覚せい剤を使っているのではないかと心配した知人に付き添われて、埼玉県警入間署に出頭し、尿検査で

覚せい剤でキャリアも台無しに

覚せい剤反応が出て逮捕される。取り調べではレコーディングエンジニア・ミュージシャンの青木優（当時四二歳）と一緒に覚せい剤を買いに行ったと供述したことから、青木優も芋づる式に逮捕されることになった。

覚せい剤の入手については「東京都渋谷区の路上で、見知らぬ人物から買った」と供述しているが、音楽業界では、業界内に入手ルートがあり、大庭はそれを隠しているのではないかとも噂されている。

大庭はルックスも良くギターの名手でもあり、順調に伸びれば表舞台でも通用する資質を持っていただけに、残念な事件であった。

4 中村耕一

家族に支えられた更正の道のり

二〇〇九年　覚せい剤取締法違反（懲役二年、執行猶予四年）

なかむら・こういち。一九五一年生まれ。ボーカリスト、ギタリスト、作曲家。バンドJ-WALKのボーカルとして一九八一年にデビュー。九〇年代初頭に『何も言えなくて…夏』をヒットさせる。

スランプから手を出した覚せい剤

二〇〇九年に覚せい剤取締法違反で逮捕された中村は、二〇一三年六月一三日、事実婚の妻であるタレントの矢野きよ実と共に『爆報！ＴＨＥ フライデー』（ＴＢＳ系）に出演した。中村と矢野は、薬物依存をなくす一助になればとの思いで、事件について赤裸々に語っている。

覚せい剤に手を出す前、中村は『何も言えなくて…夏』以降ヒット曲を書けず、ミュージシャンとして下降線にあることに長年苦しんでいた。

ある仕事を終えた夜、池袋の路地裏を歩いていると、アジア系外国人の売人に「薬興味ある？」と声をかけられた。興味はあった。覚せい剤で集中できるということに惹かれたのだ。そして〇・九グラムの覚せい剤を数万円で買ってしまう。これにより、禁断の扉が開けられた。

覚せい剤を使うと体に異変が生じた。ドーパミンが過剰になることにより、多少無理もでき、集中もできた。しかし覚せい剤から覚めると曲は何も出来上がっていない。我に帰ると激しい恐怖感と禁断症状に襲われる。使用している時は怖くて家から一歩も出られなかった。そして仕事を遅刻したり、矢野と息子のいる名古屋の家にも帰らなくなり、部屋にこもって一年間、覚せい剤を体に入れ続けた。

普段は東京と名古屋で別々に生活していたこともあり、この時矢野は中村の異変にまったく気づかなかった。

そしてついに覚せい剤の使用が発覚する時が来た。二〇一〇年三月九日深夜二時、中村は、東京・

西麻布の交差点近くに車を停め、翌日に中学校の卒業式を控えた息子に、行けないことを詫びる電話をかけていた。

「車の中見せてもらっていいですか?」警察官に声をかけられたのはその時だった。覚せい剤を隠し持っていた中村は、「何もかも全部終わった」と思ったという。警察官がバッグの中を調べると〇・九グラムの覚せい剤が発見され、現行犯逮捕された。

中村の逮捕は翌朝のニュースで報道されたが、矢野と息子は中村の逮捕を知らないまま中学校の卒業式に出席していた。卒業式が終わって矢野が携帯の電源を入れると「大丈夫ですか」「できることがあればなんでもする」などのメールが大量に入っていたが、当初理由がわからず「何言ってるんだろう?」と思っていたという。携帯電話の緊急ニュースを見て初めて夫の逮捕を知り驚愕し、息子と二人で大泣きした。

矢野はこの逮捕がきっかけで中村と事実婚にあることが明るみになり、当時出演していた番組を降板、そして矢野にも覚せい剤使用の疑いの目が向けられた。中村逮捕から一〇日

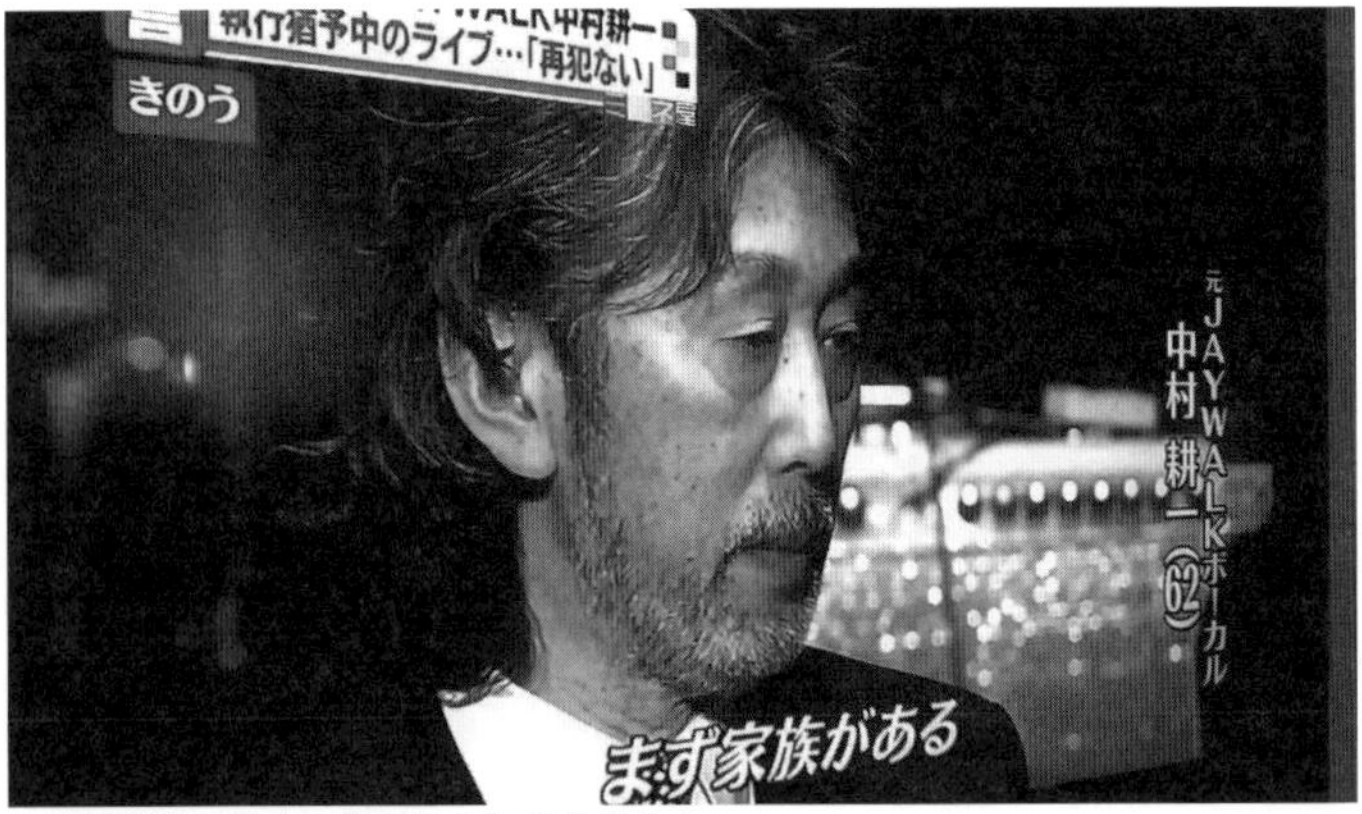

テレビ出演で覚せい剤の恐ろしさを訴えた

後、矢野は記者会見を開き、薬物の検査証明書を見せて身の潔白を証明しなければならなかった。

中村の逮捕から一二日後、矢野と息子が中村の身柄が拘束されている警察署へ行くと、中村は困った顔で申し訳なさそうに立っていた。矢野は、こうなるまで夫の辛さに気づかなかったことは妻として失格だったと自分を責めた。

その後、中村は保釈申請をせず六〇日間東京拘置所で過ごすことを決めた。裁判では情状証人として矢野も出廷し、判決は懲役二年、執行猶予四年となった。

二カ月ぶりに拘置所を出ると中村は、自宅ではなく依存症専門の病院に向かった。矢野が弁護士と相談し、社会復帰のために夫を病院に入れることを決めたのだ。病院では薬物の恐ろしさを教育され、健康な体を作るために運動や農作業を行った。一カ月後退院し名古屋の自宅に戻った。

主夫をしながらの更正

日常の生活に戻ってみて改めて、中村は、自分が周囲にかけた迷惑の大きさを思い知らされた。中村の逮捕によりバンドはほぼ活動休止、コンサートのキャンセル、レコード会社の契約解除、過去の作品の回収などで損害額は五億円に上っていた。ちょうど結成三〇周年を迎える年に当たり、記念イベントが企画されていただけに、損害は大きなものになった。中村は罪を犯した自分への罰としてJ-WALKを脱退し、これまで積み上げた音楽の財産すべてを放棄した。

しかし音楽を失った中村は何もできない無職のおじさんにすぎなかった。食堂でアルバイトを始めたが慣れない仕事にとまどい長続きしなかった。世間の態度は冷たく、また手を出すだろうという疑いの目も向けられた。

そこで矢野が考え出した更生方法は、これまで矢野がやっていた家事を中村に託し、主夫になってもらうことだった。

中村は、家族の食事を作り、ごみを出し、スーパーに買い出しに行くようになった。スーパーには買いだめをせず毎日通った。更生のためには人との触れ合いを作ることが大切だった。週に一度は薬物依存のカウンセリングにも通った。そして夜七時に必ず、家族そろって夕食を食べることを欠かさなかった。

中村は、息子の存在があるから頑張れるという。拘置所の中村に息子から送られてきた手紙と高校の入学式の写真を、ずっと大切に持っている。息子のために更生しなければならない、と中村は語る。ちなみに息子は、前夫との間の矢野の連れ子であるが、矢野の活躍する東海地区では中村の子ではないかという噂が根強くあるようだ。

『爆報！ＴＨＥ フライデー』出演からさらに歳月が経ち、その間恐れていた再犯もなく、覚せい剤依存からは立ち直ることができた。

音楽活動の方は、このテレビ出演に先立つ二〇一三年二月にソロとして復帰している。二〇一五年にはソロと並行してバンド活動も始めた。「六〇を過ぎてから、普通の幸せと仕事での刺激と感動をもらえるようになりました」と語る。結果的には、行き詰まって気負っていたスランプから事件を契機に転換を図り、還暦過ぎのミュージシャンにふさわしい新たな境地に辿り着くことができたようだ。

5　成田昭次

大麻で絶たれた音楽の道

二〇〇九年　大麻取締法違反（懲役六カ月、執行猶予三年）

なりた・しょうじ。一九六八年生まれ。歌手、ギタリスト。ジャニーズ事務所所属の四人組アイドルロックバンド「男闘呼組」のメンバーとして一九八八年にデビュー。一九九三年の解散後は独自に音楽活動をしていた。

二〇〇九年九月二七日深夜、内偵捜査を進めていた渋谷署が、渋谷区内の成田の自宅を家宅捜索したところ、乾燥大麻約三グラムが発見され現行犯逮捕された。取り調べに対し成田は「自分で使うために持っていった」と容疑を認めた。

一二月一〇日、東京地裁で懲役六カ月、執行猶予三年の刑が言い渡された。

男闘呼組はジャニーズとしては異例のハードロックバンドで、デビュー翌年には『ＴＩＭＥ　Ｚ

ＯＮＥ』が大ヒットするなど、人気は高かった。しかしロックにこだわるメンバーと、あくまでアイドルロックバンドであることを求める事務所とは路線が合わず、メリー喜多川とぶつかって九三年には空中分解。四人のメンバーのうち成田を含む三人が事務所を去って、それぞれに芸能活動を続けた。

私生活では解散前年の五月に中学時代の同級生とデキ婚して一〇月には娘が生まれている。しかし逮捕の五年ほど前に離婚しており、逮捕当時は一人だった。所属事務所からの解雇などもあり経済的に苦しい中、コンビニでアルバイトをしながら養育費を送っていたという。

解散後はライブハウスを中心にインディーズの音楽活動を続けていた。七月にはライブ盤『ＰＡＲＡＬＬＥＬ　ＷＯＲＬＤ』をリリースし、これに合わせて全国のレコード店でインストアライブを開催、逮捕当日も夕方まで熊本県内でコンサートを行っていたことから、帰宅を待っての逮捕となった。

この事件以降、成田の消息は不明となっている。

不器用な性格だったという

6　園田凌士

再起半ばの急逝
二〇〇九年　覚せい剤取締法違反（懲役一年六カ月、執行猶予三年）

そのだ・りょうじ。一九七五年生まれ。二〇一四年死去。作詞家、歌手、俳優。一九九五年ユニット「Ｌｏｖｅ　Ｌｉｇｈｔｓ　Ｆｉｅｌｄｓ」としてＣＤデビュー。ボーカル、作詞を担当。ユニット解散後、作詞家として活動を始め、数多くの人気アーティストに歌詞を提供した。

園田は一九九八年、ＭＩＳＩＡの『恋する季節』で作詞家デビューし、以来多くの人気アーティストに歌詞を提供してきた。ＳＭＡＰや東方神起のシングル曲の作詞も担当している、絶好調の売れっ子作詞家だった。作詞家以外に俳優、歌手などとしても幅広く活動し、自身の参加するユニット「ミライ・ドライヴ」でＣＤリリースするなど、多才なところを見せていた。仕事ぶりも誠実できちんとしており、業界内の評判もすこぶる良かったという。

そんな園田がまさかの覚せい剤事件を起こす。二〇〇九年四月、東京都港区の路上で、行動が不審だったため警察官が職務質問し任意同行、尿検査したところ覚せい剤の陽性反応が出て逮捕された。

「どこに不満が?」と園田の逮捕を誰もが不思議に思った。しかし順風満帆に見える裏には、生真面目なだけに、信頼や期待に応えなければならないという大きな重圧があったのかもしれない。

事件の後、園田は故郷の熊本に戻り、二〇一〇年一二月に「おのりく」(RIKUONO)と名前を変えて活動を再開した。徐々に仕事も戻ってきつつあったが、二〇一四年三月二七日、急性心筋梗塞のため三八歳の若さで急逝してしまう。才能に恵まれ、生きていれば、いずれ失敗を乗り越えて新たな境地を見い出すことができただろうに、実に残念な逝去だった。

惜しい才能だった

7　鈴木 茂

大御所逮捕の波紋

二〇〇九年　大麻取締法違反（懲役六カ月執行猶予三年）

すずき・しげる。一九五一年生まれ。ギタリスト、作曲家、編曲家、プロデューサー。一九七〇年代初頭、細野晴臣、松本隆、大瀧詠一らと日本のロックバンドの草分け「はっぴいえんど」として活躍。解散後もギタリスト、アレンジャーなどとして多くの仕事に携わっている。

「はっぴいえんど」時代からスライドギターの名手として鳴らした鈴木は、解散後「キャラメル・ママ」「ティン・パン」などでのバンド活動や、ソロでの活動を活発に行うが、八〇年代以降はアレンジャーやセッションミュージシャンとして、様々なアーティストたちとのコラボレーションで本領を発揮する。莫大な数のレコーディングに裏方として関わり、音楽シーンに影響を及ぼしてきた。そんな大物の逮捕は業界に衝撃と混乱をもたらした。

二〇〇九年二月一七日午後二時過ぎ、フジテレビに近い東京都江東区青一丁目の路上で、駐車禁止の路肩に車が停まっていたため、パトロール中の警察官が車中にいた鈴木に声をかけた。その際、鈴木に、うつむいたり目をそらすなど不審な挙動が見られたので、職務質問し持ち物を調べたところ、運転席と助手席の間の物入れの中から、ケースに入った大麻が見つかったため、大麻所持の現行犯で逮捕された。鈴木は取り調べで「自分が吸うために持っていた」と容疑を認め、音楽の収録のために近くに来ていたと話した。

鈴木の逮捕を受け、レコード各社は、「事件の重大性と社会的影響を考慮する」として鈴木が関係した曲の販売を一斉に自粛した。二〇〇九年五月発売のベストアルバムの発売中止以外にも、はっぴいえんど時代の古いものや、鈴木がメンバーの一員として参加しているだけのものも含まれていた。音楽ファンの中からは、自粛の反応が過剰過ぎるという批判の声もあった。

三月一七日、懲役六カ月、執行猶予三年の判決が言い渡されると、鈴木は自身の公式HPで、謝罪と反省の弁を述べると共に「いつの日かまた、新たな音楽制作と音響機材の製作に情熱を注ぐ自分の姿を皆様に見ていただけるように立ち直ることが、暖かく応援してくださっている皆様への恩返しになることではないかと、思っています」と音楽での再起を誓った。

現在もライブなどで活躍する

8　津垣博通

実力派ミュージシャンの過ち

二〇〇八年　覚せい剤取締法違反

つがき・ひろみち。一九五五年生まれ。作曲家、編曲家、キーボード奏者、ジャズピアニスト。多くの人気歌手のバックを務めた、実力派ミュージシャン。

二〇〇八年四月二五日午前零時半頃、新宿区の路上で車を駐車中に職務質問を受けた際に、車内から覚せい剤使用に使われるガラス管が見つかった。警視庁四谷署で尿を調べたところ、覚せい剤反応が出たため覚せい剤取締法違反容疑で逮捕された。四月中旬から使用していたと見られる。「数日前に六本木で外国人から買った。プライベートで悩みがあった」と供述した。

津垣は、一九七四年から音楽活動を始め、中森明菜、上田正樹、阿川泰子など多くのアーティストたちと仕事をしてきたベテランである。キャリアと人脈の助けもあったのか事件後に復帰を果たし、現在も活発な音楽活動を行っているようだ。

9　岡村靖幸

逮捕を重ねても衰えないカリスマ性

二〇〇三年　覚せい剤取締法違反（懲役二年、執行猶予三年）／**二〇〇五年　覚せい剤取締法違反**（懲役一年六カ月）／**二〇〇八年　覚せい剤取締法違反**（懲役二年六カ月）

おかむら・やすゆき。一九六五年生まれ。ミュージシャン、音楽プロデューサー。一九歳で作曲家としてデビュー。一九八六年ＣＤデビュー。以降九〇年代初頭まで、渡辺美里や尾崎豊ら人気アーティストたちと華々しく活躍する。その後低迷し、覚せい剤使用による逮捕が三回繰り返されるが、二〇一一年から活動を再開している。尾崎とは親友同士だった。

岡村は、作詞、作曲、歌、楽器演奏、ダンスなど何でもこなせる多才なアーティストだ。マイケルジャクソンやプリンスの影響も受けた独特のパフォーマンスでファンの強い支持を得ていた。アクが強くマニアックで、もともとメディア露出が多いタイプではなかったが、九一年頃からほとんど表舞台には出なくなった。他のアーティストへの楽曲提供やプロデュース業が多くなっていき、それも徐々に減っていった。この時期、岡村は創作活動の行き詰まりで苦しんでいたのだ。ファンの間では病気や肥満、逮捕などの不安がささやかれた。

そんな中で二〇〇三年初め、岡村は覚せい剤で最初の逮捕をされ、三月には懲役二年、執行猶予三年の有罪判決を受ける。しかしこのことはマスコミにはバレなかったため、夏には野外ライブ「ROCK IN JAPAN FESTIVAL 2003」でライブ活動を再開。以降活発な活動を見せ、故筑紫哲也がキャスターを務める『NEWS23』（TBS系）にも出演し生歌を披露した。この頃は太り気味で、全盛期のキレとシャープさはすっかり失われていたが、久しぶりに表舞台に戻ってきたことをファンは歓迎した。

ところが岡村はそんなファンを裏切ることになる。二〇〇五年四月、渋谷のレコード店内のトイレで覚せい剤を使用したことが、数日後、警察に職務質問され検査を受けたことから発覚し、二〇日に逮捕されたのだ。一〇月二一日、執行猶予が取り消され、懲役一年六カ月の実刑判決を受け収監された。しかし多くのアーティストやファンから復帰の嘆願書が出されて、出所後の二〇〇七年三月一八日、小林武史主催のイベントへの出演でカムバックを果たす。岡村は桜井和寿をはじめとしたアーティストたちからの評価と人気が高い。新曲をリリースし、『NEWS23』で「覚せい剤との決別」と題された特別番組にも出演、全国ツアーもこなし精力的に活動を始めた。と

50歳を迎えても古びない

ころがそのツアーで怪我をして、活動は頓挫する。

そして岡村はまたもや、ファンや支援者を裏切ることになる。二〇〇八年二月五日、覚せい剤取締法違反容疑で三回目の逮捕である。五月八日、懲役二年の実刑判決が言い渡された。辛抱強いファンもさすがに「この人はもうだめだ」と岡村を見限った。

しかし岡村はしぶとくまた復活する。服役中の規則正しい生活が幸いしたのか、刑務所から戻ってきた岡村は、若い頃のようにスマートな体形に戻っており、身のこなしも軽やかなダンスパフォーマンスを見せた。

二〇一一年から本格的に活動再開、近年は若い世代にも知られるようになり、ますますカリスマ性を増している。

10 大森隆志

憶測を呼んだ多量の所持

二〇〇六年　大麻取締法違反・覚せい剤取締法違反（懲役二年六カ月、執行猶予四年）

おおもり・たかし。一九五六年生まれ。ミュージシャン、ギタリスト。

青山学院大学在学中、桑田佳祐らと「サザンオールスターズ」を結成し、一九七八年に『勝手にシンドバッド』でデビュー。リードギターを担当。二〇〇一年にサザン脱退。

大森がサザンを脱退する際の公の理由は、「大森個人のソロ活動に集中するため」というものだった。しかし実際のところは、大森の創価学会の信仰が原因だろうと思われた。大森は、母親と共に熱心な学会員で、池田大作名誉会長の通訳として創価学会本部で活躍していた女性と結婚しており、創価学会の広報活動にも協力していた。それでも当初は問題視されなかったが、次第に信仰に入れ込み過ぎて音楽の練習に集中できなくなるなど、バント活動に支障をきたすようになった。

脱退後はソロや、元ゴダイゴの浅野孝巳とユニット「ＰＲＯＪＥＣＴ　ＯＡ」を組むなどの活動をしていたが、サザンの看板を失っての活動はぱっとしなかった。学会の方も期待していたのは人気グループメンバーとしての大森だったのかもしれない。

やがて大森の様子がおかしくなり、薬物使用が噂されるようになった。心配した仲間が警察に相談したことから、大森の内偵は始まった。この頃には、公式ＨＰの掲示板が閉鎖されたり、日記の更新が滞ったり、更新されても活動に関する説明がなかったり、ファンクラブの会費の振込先が大森個人の口座であったり、会報が送られて来ないなど不手際やトラブルが続発していた。

四カ月の内偵を経て、二〇〇六年五月一一日、大森は神奈川県警に家宅捜索を受け、妻と共に現行犯逮捕された。寝室から覚せい剤約一〇グラム、乾燥大麻約四グラムが見つかったのだ。

大森は「自分で吸うために買った」と供述したが、一〇グラムの覚せい剤は四五〇回分に相当する量だ。背後関係も含めて捜査が行われたが、入手経路については「言えない」と黙秘し続けた。暴力団のみならず創価学会との絡みからも、さまざまな憶測を呼んだ。

公判では、好奇心で始めた覚せい剤への依存が日増しに重くなったことや、妻に注意されたがやめられず、妻にも勧めたこと、暴力団がしつこく売り続けて来たこと、覚せい剤の使用頻度は月一五回くらいで、重度の依存症だったことなどが明かされた。

七月一九日、懲役二年六カ月、執行猶予四年の判決が言い渡された。

その後二〇〇七年には音楽活動を再開。ブログも開始し、「二度と薬物に手を出さないと固く強く決意し、現在反省の日々を送っております」と記している。

現在はライブなどソロでの活動を地道に続けている。

地道な音楽活動を続けている

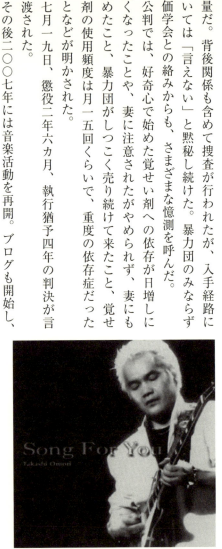

11　西川隆宏
今はすすきのでバー経営

二〇〇二年　覚せい剤取締法違反（懲役一年六カ月、執行猶予三年）／**二〇〇六年　覚せい剤取締法違反**（懲役一年六カ月）

にしかわ・たかひろ。一九六四年生まれ。元ミュージシャン、クラブＤＪ。
高校時代に北海道で吉田美和と出会い、一九八六年「ＤＲＥＡＭＳ ＣＯＭＥ ＴＲＵＥ」（ドリカム）でキーボード担当のメンバーとしてデビューし人気を得る。二〇〇二年三月にドリカム脱退後は不祥事が続いた。

ドリカム脱退後、西川はクラブでＤＪなどをしていた実兄と「ＮＩＳＨＩＫＡＷＡ　ＢＲＯＴＨＥＲＳ」を結成し、音楽活動を続けていく予定だったが、二〇〇二年一〇月七日、実兄との口論から義姉への暴行事件を起こし逮捕される。

この事件自体は不起訴となったが、勾留中に受けた尿検査の結果覚せい剤の陽性反応が出て、一七日に再逮捕される。この時、覚せい剤はドリカム在籍時の二、三年前から常用していたことが発覚した。

ドリカム脱退時、西川は脱退の理由を「自分自身の音楽と生き方を追及したくなったため」としていたが、説得力に乏しく、いろいろと憶測を呼んでいた。おそらく覚せい剤が何らかの影響を及ぼしていたのではないだろうか。義姉への暴行も覚せい剤が関係していたのかもしれない。

一二月一九日、懲役一年六カ月、執行猶予三年の判決を受ける。

事件により実兄とのユニット結成の話は立ち消えになったので、西川は実家のある北海道に戻り、「ｎｏｒｔｙｂ」名義で北海道内を中心にクラブＤＪとして活動を始め、やがて二〇〇五年頃からは都内のクラブでもＤＪ活動を行うようになった。しかし再度覚せい剤で逮捕される。

バー経営は向いているようだ

二〇〇六年二月二五日、東京都新宿区の路上で、停めていた車が帯広ナンバーだったことから不審に思った牛込署員が西川に職務質問したところ、車内の菓子箱の中に覚せい剤を隠し持っていたことが発覚し、現行犯逮捕された。その後ホテルでの覚せい剤使用も発覚した。五月一一日、懲役一年六カ月の実刑判決を受ける。

服役後の二〇〇八年には帯広市内のクラブでイベントを主催し再びＤＪ活動を開始、二〇〇九年六月には札幌市・すすきのに「ｂａｒ　ｅｂｏｏｔ」を開き今に至る。

現在もドリカムメンバーとの交流はあるようで、店にはドリカムのポスターが貼られ、メンバーの誕生日やデビュー日などには、ドリカム曲をかけ続ける「ドリナイト」というイベントも行っている。

二〇一二年、吉田美和が結婚を発表した際、西川は自身のツイッターで吉田を祝福し、店で吉田の結婚とドリカムのデビュー二三周年を祝う「ドリナイト」を行った。

12　ＤＡＩＳＨＩ
覚せい剤で失った大きなチャンス

二〇〇五年　覚せい剤取締法違反（懲役一年一〇カ月、執行猶予三年）

だいし。一九七六年生まれ。ボーカリスト。

二〇〇二年に、五人組ヴィジュアル系ロックバンド「Ｐｓｙｃｈｏ　ｌｅ　Ｃｅｍｕ（サイコ・ル・シェイム）」としてメジャーデビューし一躍人気になった。事件後は活動を自粛していたが近年復活の兆しを見せている。

Ｐｓｙｃｈｏ　ｌｅ　Ｃｅｍｕはデビュー曲がいきなりオリコン一〇位に入るという華々しいスタートを飾り、テレビ番組にも積極的に出演。「スーパーコスプレバンド」として知られるようになった。海外での人気も高く、二〇〇四年にはアメリカでもライブを行い、『ニューズウィーク日本版』（二〇〇四年一〇月二〇日号）の「世界が尊敬する日本人一〇〇人」に選出されるほどだった。このまま順調に行けば、大きな成功を収められるはずだった。

ところが絶好調からどん底に転がり落ちる事件が起こる。二〇〇五年六月三日、ボーカルＤＡＩＳＨＩが東京都や広島県のホテルなどで覚せい剤を使ったとして神奈川県警に逮捕されたのだ。尿検査は陽性で、供述から、ＤＡＩＳＨＩが覚せい剤を週に三、四回も繰り返す常習者であることが明らかになった。

逮捕を受けバンドは八月一〇日付けで事務所から独立、ＤＡＩＳＨＩを除いた四名で「ＳＹＮＥＣＴＩＣＳ」として活動を再開する。

二〇〇六年、Ｐｓｙｃｈｏ　ｌｅ　Ｃｅｍｕとして活動再開するも、ライブ日程やＣＤの発売が決定していたにもかかわらず、五月七日のライブをもって活動休止、六月一四日には「ＳＹＮＥＣＴＩＣＳ」も終了となった。その後メンバーはそれぞれ他のバンドで活動する。

時を経ての復活は成るのか

二〇〇九年六月、活動を再開し、結成一〇周年記念ライブを開催するも、また活動休止となる。

紆余曲折を経て、結成一五年の二〇一四年より、CDリリース、ライブ開催など本格的に活動再開している。DAISHIは再開に際し「活動休止中、Psycho le Cemuぽいエンターテインメントが今の世間で求められている空気を感じていたので、復活すれば世の中の人が面白がるかなと思った」と語っている。

13　荒木将器

堕ちたセーラームーン

二〇〇五年　覚せい剤取締法違反

あらき・まさき。一九六六年生まれ。作曲家、キーボード奏者。『美少女戦士セーラームーン』第五シリーズのテーマ曲『セーラースターソング』の作曲で知られる。

二〇〇五年一一月五日午前一時五〇分頃、東京都渋谷区のJR渋谷駅前付近の路上を一人で歩いていた荒木を警察官が職務質問したところ、微量の覚せい剤を所持していたため、警視庁四谷署に現行犯逮捕された。荒木は「自分で使うためだった」と容疑を認めた。

荒木は『セーラースターソング』の作曲の他、声優で歌手の椎名へきるの楽曲アレンジに携わっていた。また小学校などへの出張公演でも知られる「カフカフドゴシコ」のメンバーとしても活動していた。とはいっても、活発に活動していたのは九〇年代のことであり、事件当時はすでに過去の人と受けとめられた。流行り廃りの激しさも、音楽業界に薬物使用者が後を絶たない理由の一つなのかもしれない。

第五章

斜陽タレントの薬物事件

1　杉田あきひろ

「うたのおにいさん」逮捕の衝撃

二〇一六年　覚せい剤取締法違反容疑（懲役一年六カ月、執行猶予三年）

すぎた・あきひろ。一九六七年生まれ。歌手、俳優。慶応大学文学部在学中の一九八九年にミュージカル『レ・ミゼラブル』のオーディションに合格し舞台デビュー。一九九九年春から二〇〇三年春まで四年間にわたってＮＨＫ『おかあさんといっしょ』九代目「うたのおにいさん」を務めた。

二〇一六年四月一三日、都内で覚せい剤を所持していた疑いで、警視庁組織犯罪対策五課により、歌手の杉田あきひろが逮捕された。杉田は「間違いありません」と容疑を認めているという。驚きだったのは、杉田が元ＮＨＫ『おかあさんといっしょ』の「うたのおにいさん」だったことである。子供向け番組と覚せい剤、これほど不釣り合いな組み合わせもない。ネット上には、「よく見ていたのに」「好きだったのに」と当時幼い視聴者だった若者たちの驚きの声が上がった。

杉田が「うたのおにいさん」を務めたのは一九九九年から二〇〇三年にかけてだった。この他二〇〇二年から一一年間関連イベントに出演するなど、長年子供向けの舞台や番組に携わっていた。

歴代「おにいさん」の中では、茶髪でガングロという「らしくない」いでたちだったということで、記憶に残っている人も多いようだ。

実は杉田には、「うたのおにいさん」の現役時代の二〇〇〇年の末に、最初の覚せい剤疑惑が持ち上がっていた。同年一二月二三日発売の『サンデー毎日』が、杉田の知り合いの男性の話として、杉田と一夜を共にし、その際覚せい剤を使ったことを報じたのだ。記事には、男性が覚せい剤を使っていることをバラすと杉田を脅したところ、杉田から三四万円の振込があったこと、男性は杉田が覚せい剤使用を認めた録音テープを持っていることなどが掲載されていた。これが本当なら「うたのおにいさん」の大スキャンダルだが、どれも男性側の一方的な言い分で信憑性に欠けるところがあった。

記事が出た二日後の二五日、杉田は記者会見を開き、記事内容を全面的に否定した。さらに翌二六日には毎日新聞を提訴している。この杉田の強気の姿勢により疑惑は払拭され、その後もつつがなく「うたのおにいさん」を続けた。

ところが今回逮捕されたことで、「あの記事は正しかったのではないか」と改めて過去にも疑惑が向けられるようになった。さらに二〇〇八年のコンサート欠場も覚せい剤の影響だったのではないか、茶髪ガングロも覚せい剤使用を隠すためだったのではないか、などと次々憶測を呼んでいる。子供に慕われる「うたのおにいさん」が、いつからどうして覚せい剤を使うようになったのか。東京地裁は六月二〇日、懲役一年六カ月、執行猶予三年の判決を下した。

2　坂井俊浩

華やかなステージからの転落

二〇一五年　麻薬特例法違反・覚せい剤取締法違反（懲役一年六カ月、執行猶予三年）

さかい・としひろ。一九六九年生まれ。ダンサー。

一九九〇年にダンスボーカルユニット「ZOO」メンバーとしてCDデビュー、代表曲の『Choo　Choo　Train』はミリオンセラーになった。一九九五年解散。

音楽番組出演直後の逮捕

二〇一五年七月三日、日本テレビ『THE　MUSIC　DAY　音楽は太陽だ。』に坂井を含むZOOの元メンバー四人が生出演し、『Choo　Choo　TRAIN』を披露した。四人が集うのは解散以来二〇年ぶりのことだったので話題を呼び、「ZOO再結成か⁉」と喜ぶファンも多かった。

ところがそのわずか四日後の七月七日に坂井が逮捕されたのだから、ファンのみならず世間に衝撃が走った。

この日、警視庁組織犯罪対策五課は、本人不在で渋谷区広尾の坂井の自宅の捜索を行った。薬物は見つからなかったが、すでに逮捕されていた密売人らの供述により、二〇一四年一二月に新宿・歌舞伎町のホテルで覚せい剤一グラムを三万円で購入したとして、麻薬特例法違反容疑で逮捕となった。この時坂井は友人宅におり、容疑を否認していた。しかし尿検査で覚せい剤と麻薬の陽性反応が出たことから、覚せい剤取締法違反容疑で再逮捕された。

逮捕を受け、番組出演時の坂井の違和感があらためて注目された。坂井は番組内で不在メンバーに向けて再活動を呼び掛けたのだが、タイミングが唐突で進行を無視しており、「やっぱり薬のせいでは」と思わせるものだった。

公判では「二度目の離婚とそれに伴って子供と会えなくなってしまったこと、経営していたクラブの経営資金を知人に持ち逃げされたこと、なかなか定職に就けないこと、など悩みが重なりむしゃくしゃしていたために覚せい剤やコカインを購入した」と容疑を全面的に認めた。

また坂井は酒癖も悪く、二〇一四年一月には、酔って器物破損で逮捕され、示談で不起訴になっていたことも明らかになった。しかも、この時も、泥酔に加えて覚せい剤とコカインを同時に使用していたという。さらにZOOのデビュー当時からすでに違法薬物を興味本位で使用していたことも明かしている。かなりどっぷりと薬物に漬かってきた印象が否めない。

二〇一五年一〇月八日、東京地裁は「悩みやむしゃくしゃした気持ちを紛らわそうとしたもので、安易で違法性に対する認識が甘い」などとして、懲役一年六カ月、執行猶予三年の判決を言い渡した。坂井は、「大好きな子供たちとか、皆さんに言葉がありません。二度と同じ過ちは犯しません。ファンの皆さんを二度と裏切らないように自分を律していきたいと思います」と謝罪した。

HIROと坂井の明暗

ZOOは一九八九年、テレビのダンス番組をきっかけに、坂井を含むダンサー八人で結成したダンスユニットである。グループで坂井は「CAP」と名乗っていた。一九九〇年、メンバーを一名増やし『Careless Dance』でCDデビュー。翌一九九一年、JR東日本のCMソングに起用された『Choo Choo Train』が一〇五万枚を売り上げ、ミリオンセラーとなる。その後、日本中にダンスブームを巻き起こし、日本屈指のダンサー集団となっていった。そのメンバーには現在EXILEを率いて大活躍するHIROやTRFのYU-KIの姿もあった。

ZOOには別にリーダーがいたが、実質グループをリードしていたのは坂井だった。学生時代、野球部に在籍していた経験から、坂井はZOOのダンスに体育会系の厳しさを持ち込んで、それをZOOの魅力の一つにしていった。音楽関係者の中には「現在のEXILEの統率感は、坂井さんの作った流れと言っても過言ではない」という評価もあり、坂井をリスペクトする者は多かったようだ。

一九九五年暮れにグループが解散すると、翌年、坂井はZOOの元メンバーHIROとSAEと共に若干ダンス寄りな音楽グループ「LUV DELUXE」を結成、人気ポップスグループ「DREAMS COME TRUE」のプロデュースでデビューしたものの、ツアーのバックダンサーとしての仕事くらいしかなく、セールス的にも芳しい結果が得られず、翌一九九七年にあっけなく解散している。

　その辺りから、坂井の迷走人生が始まる。いろいろと業界関連の仕事に就くのだが、いずれも長続きせず、転職を繰り返していた。ＥＸＩＬＥを成功させて今をときめくＨＩＲＯとは、いつの間にか大きな差がついてしまった。それでも最近は、小中学生向けにダンススクールを始め、ようやく軌道に乗ってきたところだった。二〇年ぶりにテレビの生音楽番組にＺＯＯとして出演し、今度こそ人生がうまく回り始めたかに思われた矢先の逮捕だった。

　坂井は評判も良く人望も厚かった一方、ガラの悪い友人も多かったようだ。プライベートでは、二回の結婚と二回の離婚を経験し、子供ももうけているが、逮捕時は独り身だった。寂しさから、再び薬物に手を出してしまう人も少なくない。うまく更正を果たして、「ＺＯＯ再結成！」のニュースを聞ける日が来ればよいのだが。

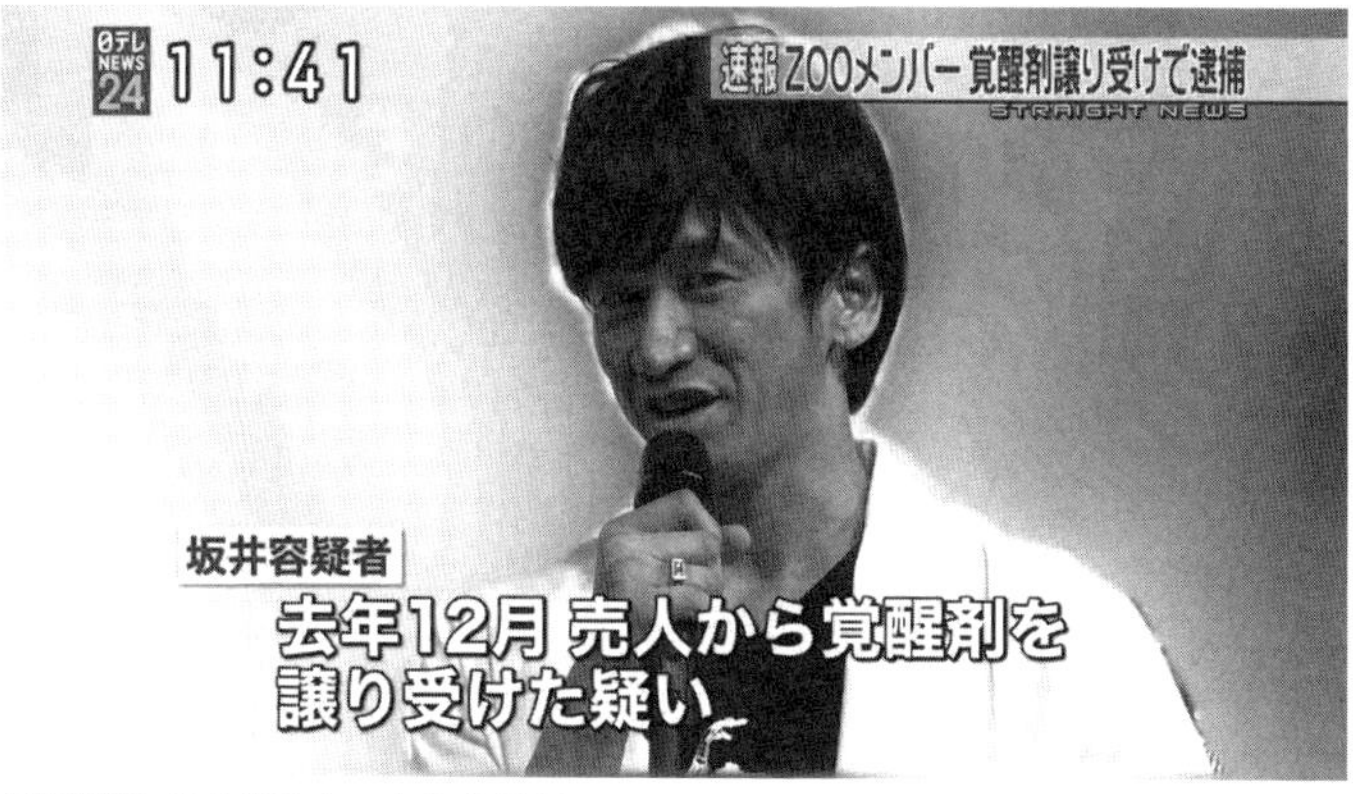

「芸能界には未練はない」そうだが

3　桂　銀淑

金銭トラブルと覚せい剤に潰された歌姫

二〇〇七年　覚せい剤取締法違反（懲役一年六カ月、執行猶予三年）／**二〇一四年　麻薬管理法違反［韓国］**（懲役一年六カ月、罰金八〇万ウォン＝約八万円）

けい・うんすく。一九六一年生まれ。韓国出身。演歌歌手。

高校生の時に韓国でモデルとしてデビューしたのち、一九八五年に『大阪暮色』で日本で歌手デビュー。数々のヒット曲を飛ばし、多くの賞を受賞した。現在もカラオケファンに人気が高い。

独立で狂い出した歯車

ハスキーな歌声とかわいらしい美貌で人気を博し一時代を築いた桂銀淑だったが、一九九六年に独立した時から、借金がかさみ始めて人生の歯車が狂い始めた。二〇〇一年には独立した事務所からも二億五千万円の返済を求める訴訟を起こされてしまう。金銭問題に加え、更年期障害による体調の悪さもあって、うつ病を患っていく。この頃からテレビやラジオにもぱったりと姿を見せなくなっていた。

うつ病で、コンサートをキャンセルしたり、自殺を考えるような状況に陥っていた時に、知人から「元気が出るよ」と渡されたことが、覚せい剤との付き合いの始まりだった。

その後桂は活動再開し、二〇〇七年にはメディアに積極的に出演し新曲もリリース、全国ツアーを行うなど、完全復活かと思われた。ところがその矢先の一一月二六日、自宅マンションに覚せい剤を所持していた容疑で、関東信越厚生局麻薬取締部に現行犯で逮捕される。桂は容疑を認めて謝罪。一二月二一日、懲役一年六カ月、執行猶予三年の判決が言い渡された。

二〇〇八年八月二日、この罪により日本当局がビザの発給を拒否したことから韓国に帰国、以来一度も日本の地を踏むことはない。

韓国でも続くトラブル

帰国後はソウル市内のマンションで老いた母の面倒を見ながら質素に暮らしていたという。しかし、認知症を患った母の記憶に刻まれていた自分が娘ではなく歌手・桂銀淑だったことから、母の人生の最後に歌手としての自分の姿を見せるために、韓国で芸能活動を再開したと語る。

音楽活動を本格的に再開した二〇一四年の八月三日、桂はソウル中央検察庁に詐欺罪で在宅起訴される。容疑は、リースしたポルシェを担保に借金し、リース料を払わなかったというものだが、桂は自分の知らないところで偽造契約書が作成され名前を利用されたとしている。このトラブルの実質的な主犯は朴槿恵大統領の親族の男ともいわれ、背景には一筋縄ではいかないものがあるのかもしれない。

そして桂は詐欺容疑に続き、二〇一五年六月二五日には再び覚せい剤使用容疑で逮捕される。覚せい剤の情報を得た検察がホテルにいた桂の身柄を拘束し尿検査をしたところ陽性反応が出たのである。桂は容疑を認めた。毛髪検査でも陽性反応が出ていて、常習性をうかがわせた。

結局、詐欺と覚せい剤使用二つの容疑で有罪判決が出され、懲役一年六カ月、罰金八〇万ウォンの実刑判決が言い渡された。しかし桂は詐欺容疑に関しては否認している。

日本でも韓国でも、芸能界には怪しげな輩が蠢いてターゲットを探しているのだろうが、桂は、とりわけ世間知らずでスキが多く、つけ入られやすいタイプなのかもしれない。人気も実力もあるだけに、いつの日かまた日本で活躍してほしい。

今も日本での人気は高い

4　赤坂 晃

離婚をきっかけにはまった覚せい剤

二〇〇七年　覚せい剤取締法違反（懲役一年六カ月、執行猶予三年）／**二〇〇九年　覚せい剤取締法違反**（懲役一年六カ月）

あかさか・あきら。一九七三年生まれ。元歌手、俳優。

一九八七年にジャニーズ事務所から「光ＧＥＮＪＩ」のメンバーとしてデビュー、大ヒットを連発し一世を風靡する。一九九五年グループ解散後は俳優として活躍した。

驚きの現役ジャニーズの逮捕

光ＧＥＮＪＩのメンバーだった赤坂は、グループ解散後もジャニーズに残った二人のメンバーのうちの一人だった。かつてのような派手さはなく、若い後輩たちが活躍するジャニーズでは窓際のような立場だったが、舞台俳優として重宝され、不自由なく暮らしていける程度の待遇も得ており、ジャニーズを去った他のメンバーたちに比べれば恵まれた境遇にあった。

大地真央に気に入られ、大地の舞台で何度も共演していた赤坂だが、二〇〇四年、大地との不倫を報じられている。赤坂は一三年間の交際の末二〇〇一年に結婚した妻との間に一児をもうけていたが、二〇〇七年三月に離婚しており、離婚の原因に大地との関係があったのではないかといわれている。この離婚による、子供に会えない等のストレスが覚せい剤の使用につながったのだという。

そして二〇〇七年一〇月二八日、赤坂は覚せい剤所持で現行犯逮捕される。赤坂はこの日午前一時過ぎ、東京・池袋の路上で、高級車で一人で現場に乗りつけ、歩いて車に戻ろうとしたところを職務質問された。その際、ズボンのポケットに数個に分けて隠し持っていた覚せい剤一グラムが見つかった。尿検査の結果も陽性で、赤坂は「自分で使うために持っていた。四月頃から使っていた」と容疑を認めた。

これを受けジャニーズ事務所は翌二九日に赤坂を解雇し、ホームページ上に謝罪文を掲載した。公判では、ジャニーズ事務所から解雇され芸能界復帰が絶望的となったことや、反省しアルバイトで再出発する決意を述べ、懲役一年六カ月、執行猶予三年の判決を受けた。

ジャニーズでは、北公次、豊川誕、江木俊夫などが退所後に薬物で逮捕されているが、第一線からは退いているとはいえ現役ジャニーズ、しかもかつて一世を風靡した人気グループのメンバーとあって、ファンならずとも驚きは大きかった。

執行猶予中の再犯

事件後の赤坂は、元光ＧＥＮＪＩの諸星和己が語ったところによれば「介護職についているらしい」とのことだった。しかし二〇〇九年一〇月五日、新宿歌舞伎町のバー「ルクソール」の雇われ店長に転身する。この店は元人気ジャニーズジュニアを揃え、一時間三〇〇〇円という割安な料金設定だったことから盛況だった。ところが、それからしばらく経った一二月二九日、赤坂は再び、覚せい剤使用の疑いで千葉県警に逮捕される。

千葉県警は、赤坂逮捕の三日前の二六日、七十代の男性を覚せい剤取締法違反容疑で逮捕している。二八日にその男性が長期滞在していた新宿区のビジネスホテルを家宅捜索したところ、赤坂と女性がいた。二人は覚せい剤は所持していなかったが、その場で尿検査を行ったところ、赤坂のみから陽性反応が出たため、この日の夜に逮捕状を請求した。翌二九日赤坂はバー「ルクソール」にいるところを逮捕された。

公判で赤坂は、覚せい剤使用の理由として、父親の介護ストレス、バー「ルクソール」のオーナーとの給与面でのトラブル、新店舗構想が軌道に乗らなかったことなどを挙げている。先に逮捕された七十代男性は、新店舗構想に絡んだ赤坂のパトロン的な存在だったのではないかと見られた。

三月三〇日、懲役一年六カ月の刑が言い渡された。

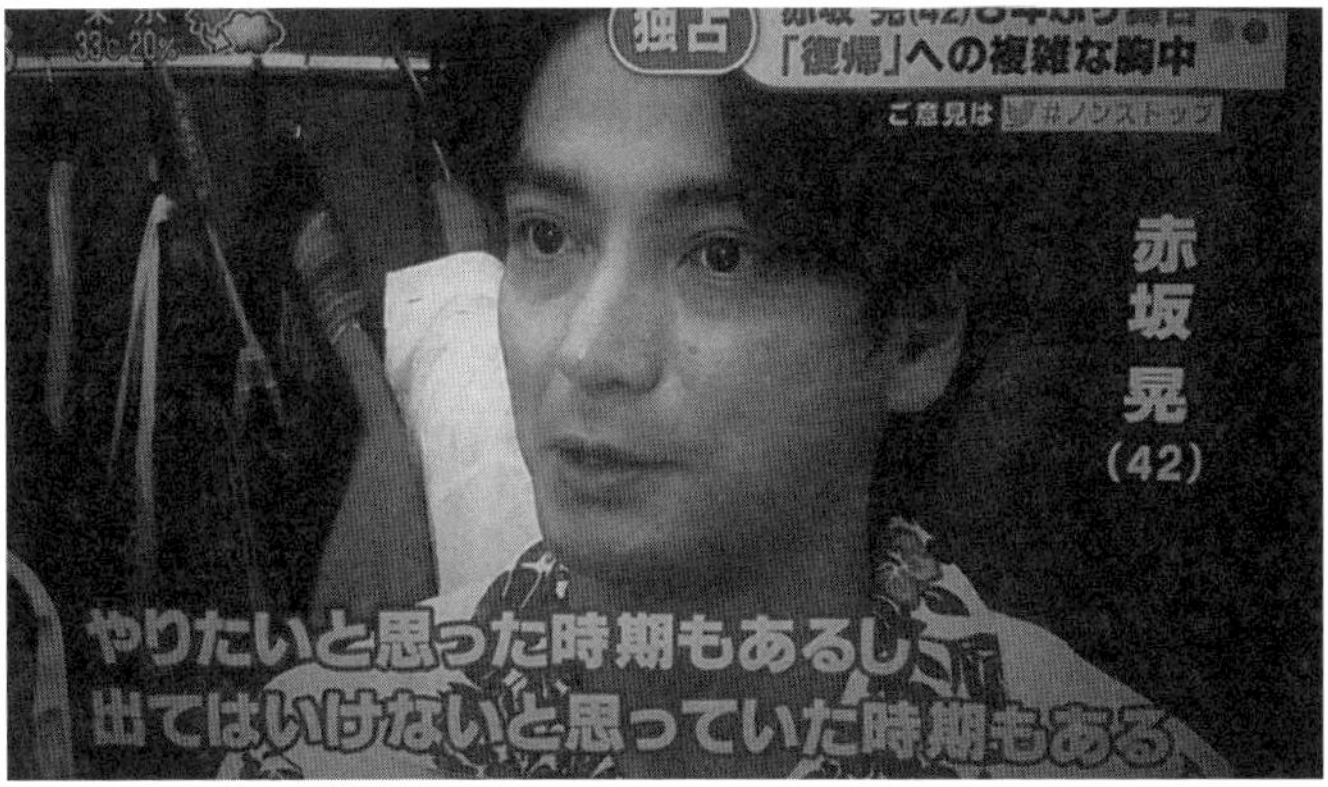

波乱の人生は今度こそ落ちつくのか

収監中に父親が亡くなり、死に目に会えず辛い思いをしたという。出所後は新宿のバーでの仕事を経て、二〇一五年八月に舞台に復帰し、芸能活動再開の兆しも見えた。しかしその後、子持ち人妻の女性と宮古島に移住し焼肉屋をオープン、相手女性は医師の夫と離婚と、また不穏な人生を歩んでいるようだ。タガが外れて三度目が起こらないことを祈りたい。

5 笑福亭小松

借金とクスリまみれの天才芸人

一九九六年　覚せい剤取締法違反（執行猶予）／**二〇〇七年　覚せい剤取締法違反**（執行猶予）／**二〇〇九年　覚せい剤取締法違反**（懲役一年六カ月）

しょうふくてい・こまつ。一九五七年生まれ。二〇一四年死去。元落語家、歌手。一九七二年、六代目笑福亭松鶴に十番弟子として入門。トラブルメーカーで二回破門されている。兄弟子の笑福亭鶴瓶にかわいがられた。

小松は「舞台が面白ければすべてよし」をモットーとした破天荒な芸人だった。派手な私生活を送り、借金トラブルにより二回破門になっている。芸人としての才能はあり、一九七七年の一回目の破門の後、東京で青空一門の漫才師となった時もたちまち頭角を現している。

そんな小松が最初に覚せい剤で有罪になったのは一九九六年のことである。この時は思わぬことから、更生・復活を遂げる。

翌一九九七年、小松は、進行性胃がんであることが判明し、余命半年と告知された。しかし胃・脾臓のすべてとすい臓の半分を摘出して奇跡的に回復すると、がん克服の体験を元に全国のがん患者を励ます活動を始める。鹿児島から北海道まで三〇〇〇キロを一三〇日かけて徒歩で縦断し、各地で「がん克服落語会」のチャリティー高座を開催したのだ。これがメディアに採り上げられ、金山一彦主演の映画『勇気の３０００キロ』のモデルにもなった。二〇〇〇年には『小松のらくだ』で文化庁芸術祭演芸部門で芸術祭賞優秀賞を受賞し、岡山大学の非常勤講師にも招かれるなど、文化人としても活動の幅を広げていった。

ところが、その後再び借金生活に陥り、二〇〇六年、当時所属の松竹芸能が契約を解除、上方落語協会により笑福亭一門から再び

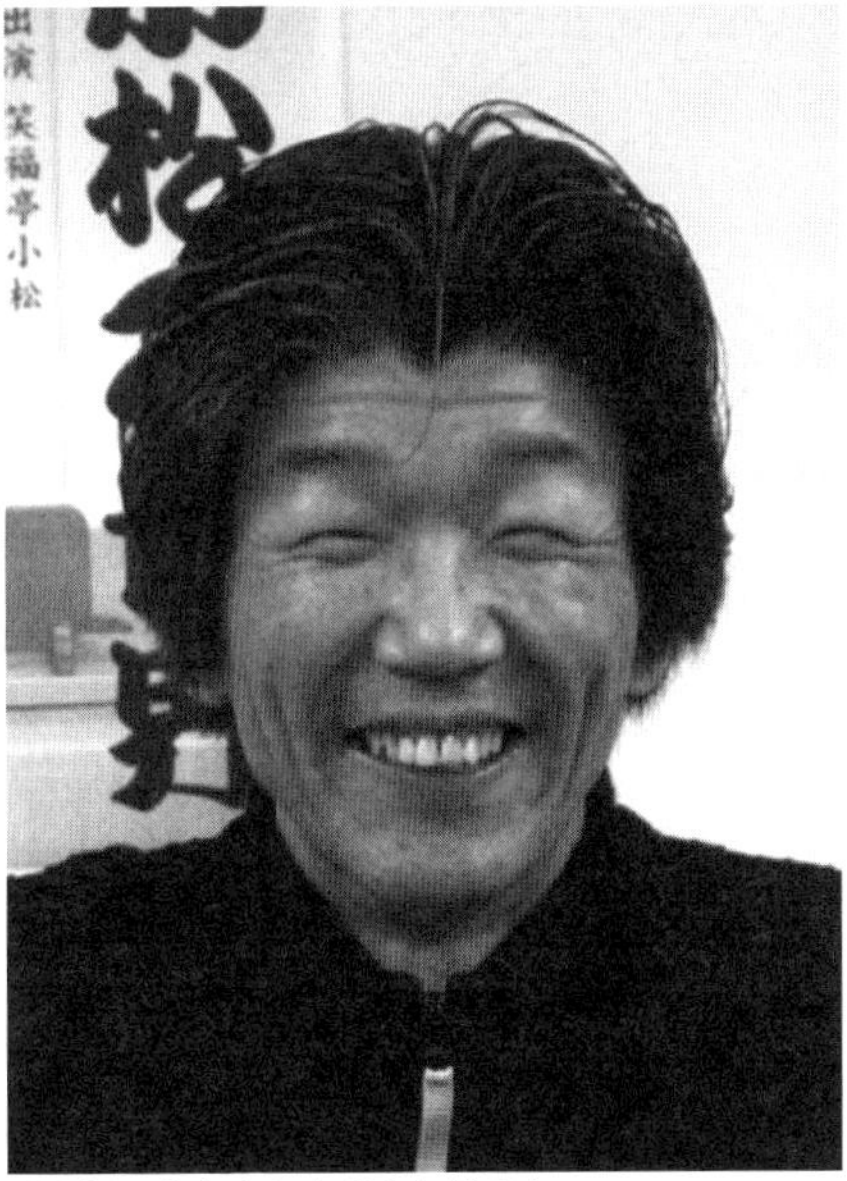

問題児でありながら愛され続けた

破門され、落語家廃業を余儀なくされた。そして二〇〇七年、覚せい剤で二回目の逮捕をされ、執行猶予付きの有罪判決を受けた。小松は「心機一転して高座復帰を目指す」と語り、その後は滋賀県の実家に戻り自主制作した歌のＣＤを売るなどして生計を立てていたが、執行猶予中に覚せい剤での三回目の逮捕となる。

二〇〇九年六月二四日夜、小松は京都市内で、同級生の男性が運転する車に同乗していた。京都府警川端署員が交通違反を見つけ調べたところ、男性は無免許運転だったことが判明した。同乗の小松も事情聴取を受け、その際様子がおかしかったため尿検査を実施したところ、覚せい剤の陽性反応が出て逮捕された。借金問題などで自暴自棄になって、覚せい剤に手を出したという。

執行猶予は取り消されて実刑判決を受け、二〇一二年の七月まで、滋賀刑務所で三年あまりを過ごすことになった。大病経験のある小松の体にとって服役生活は厳しく、「命からがらの毎日」だったという。肺を患い、衰えて痩せ細り、出所後は入退院を繰り返したが、そんな状況の中でも、妻や子供たちの支えで更生と噺家への復帰を目指す。二〇一三年一二月、快楽亭ブラックと大須演芸場で二人会を開き、満員札止め（一四〇名超え）で復活を果たすも、二〇一四年八月二日、滋賀県の自宅で急性心筋梗塞により五七歳の生涯を閉じた。

6　加勢大周

薬物に求めた癒し

二〇〇八年　大麻取締法違反・覚せい剤取締法違反（懲役二年六カ月、執行猶予三年）

かせ・たいしゅう。一九六九年生まれ。元俳優。

一九九〇年、桑田佳祐の初監督映画『稲村ジェーン』の主演で俳優デビュー。イケメントレンディ俳優として人気になるが、事務所の独立問題で干され台湾に活路を求めていた。

華々しくデビューしたシンデレラボーイの加勢だったが、翌年には所属していた芸能事務所から独立する。その裏には人気に見合わぬ薄給の問題があったという。これに対し事務所側は「加勢大周」の芸名使用の禁止を求めて提訴。二年後の東京高裁で加勢が逆転勝訴し話題となった。

しかし、この一件で仕事が激減したため、台湾のテレビドラマへの出演を始める。台湾進出はうまくいき現地で人気になったが、独立に絡むトラブルはずっと加勢に影を落としていたようだ。さらに二〇〇一年には隠し子騒動からの離婚を経験している。

二〇〇八年一〇月五日、東京都世田谷区の自宅マンションで、加勢は覚せい剤三グラムと乾燥大麻九・四グラムを所持していたとして現行犯で逮捕された。尿検査では覚せい剤反応が出た。自宅からは、覚せい剤を使うための注射器、大麻を吸うためのパイプなども押収された他、栽培中の大麻草二七株が発見された。

公判で加勢は、二〇〇四年に都内のバーで勧められて以来、知人から大麻を購入し断続的に使用したと語った。「悩みや不安がかなりあって、一時でも楽になれればと思って使った」という。覚せい剤については、この年の六月に知人から「覚せい剤をお金に換えてくれないか」と言われ手に入れ、三、四回使ったと明かした。大麻栽培については癒しを求めて栽培していたと語った。

加勢は芸能界からの引退の意向を述べ、兄と経営していたプロダクションは解散し、兄は前職の看護士に戻った。情状証人として出廷した父は「(実家の)函館に呼んで、心身共に健康な状態に戻してあげたい」と話した。

逮捕によりドラマが中止され多額の賠償請求があることなども考慮され、懲役二年六カ月、執行猶予三年の判決が言い渡された。

せっかく台湾に活路を見出したのだが

その後加勢はバーテンダーに転身した。映画出演の話など、芸能界復帰のチャンスもあったが断ったという。現在は結婚もしており、ストレスと無縁の地道な人生を歩んでいるようだ。

7　日影忠雄

覚せい剤と金銭トラブルの晩年

二〇〇五年　覚せい剤取締法違反（懲役二年執行猶予四年）／**二〇〇八年　覚せい剤取締法違反**（懲役一年二カ月）

ひかげ・ただお。一九三八年生まれ。二〇一五年死去。タレント、実業家。

一九八三年の人気俳優・沖雅也の自殺の際、沖と養子縁組していた養父として知られるようになった。

日影は、沖雅也の養父とはいっても、実質的には沖を愛人にしていたゲイだった。沖の自殺後そのことを著書でカミングアウトすると、オカマキャラで注目を集め、芸能界でコメンテーターなどをするようになった。その傍らゲイ喫茶を経営、それが失敗すると風俗案内所の役員を務めるなどしていた。放漫な金銭感覚などで事業はあまりうまくいかず、周囲を振り回すようなところがあった。

そんな状況の中、二〇〇五年一一月二九日、日影は西五反田の自宅マンション内に覚せい剤を隠し持っていたとして逮捕される。「知り合いから入手し、以前から使っていた」と供述した。懲役二年、執行猶予四年の判決を受けた。この時、風俗案内所の役員も退任させられた。

執行猶予中の二〇〇八年、今度は恐喝容疑で逮捕される。かつて役員をしていた風俗案内所の女性社長に対し、指定暴力団松葉会系組員と共に、退職金名目で金銭を要求。「ウチの若い衆をマンションまで行かせる」などと現金一五〇万円を脅し取ったとされる。そして再び、覚せい剤を所持・使用していたとして逮捕され、懲役一年二カ月の判決を受ける。

その後は病気がちだったようだ。『週刊新潮』（二〇一六年三月三日号）は、以下のような知人の話を掲載している。「彼は元々C型肝炎を患っていて、勾留中、腹水が溜まり入院し、肝硬変と診断されたそうです。刑務所では、基本的に寝たきりで、車椅子を使わないと移動できないくらいでした」

そして二〇一五年二月、七八年の波乱の生涯を閉じたのである。

日台ハーフのボンボンだった

8　中村健太郎

離婚後の指名手配

二〇〇七年　麻薬及び向精神薬取締法違反（懲役三年、執行猶予五年）

なかむら・けんたろう。一九八三年生まれ。ファッションモデル。一八八センチの長身個性派モデルとしてファッション誌などで活躍していた。二〇〇五年女優の知念里奈と結婚し一児をもうけるが二〇〇七年に離婚している。

中村はモデルとして活動する他、父親が経営する貿易会社も手伝っていた。女優の知念里奈とは二〇〇四年頃から同棲し、双方の親にも紹介するような親しい関係にあり、二〇〇五年八月に「できちゃった結婚」、翌年三月には長男が生まれていた。一般的には、人気女優・知念の夫として結婚を機に知られるようになった。

ところが二〇〇七年六月三日、知念が突然自身のホームページで、「理想の夫婦像とのずれを感じた」として、三月に離婚していたことを発表した。実はその時、中村は指名手配されていたので、知念はもう中村とは関係ないことをアピールするため、あわてて離婚を発表したと見られる。発表の四日後、中村は警察に出頭した。

中村は五月六日頃、都内などでコカインを使用した疑いが持たれていた。この日の未明、東京・六本木で、中村は友人四人といたところを麻布署員に職務質問された。中村と一人の女性の足元に大麻のような巻きたばこが一本落ちていたため、尿検査を受けたところ、コカインの陽性反応が出たことから、五月二八日に逮捕状が出された。中村は「二、三日後に出頭します」としたがその後連絡がつかなくなったので指名手配され、六月七日に出頭して逮捕となった。女性は二日前に逮捕されていた。逮捕当初、中村は「まったく身に覚えがない」と容疑を否定していたが、懲役三年、執行猶予五年の判決が言い渡されている。

9 ソーン ツェフ イワン
「いいとも青年隊」卒業直後の逮捕
二〇〇六年　大麻取締法違反

一九八二年生まれ。モデル、タレント。

ロシア人で、初めての外国人として、二〇〇三年四月から二〇〇六年三月まで『笑っていいとも』（フジテレビ系）の「いいとも青年隊」を務めた。

二〇〇六年七月一日午後八時四五分頃、東京都港区六本木三丁目の路上に駐車していたところ、麻布署員に駐車違反で職務質問を受けた。所持品から大麻樹脂一・九グラムが見つかったことから、大麻取締法容疑で現行犯逮捕された。イワンは「知り合いからもらった」と容疑を認めた。大麻規制が甘いロシア出身とあって、軽く考えていたのかもしれない。

「いいとも青年隊」は卒業後見かけなくなるタレントも多いが、まだ出演が終わって日が浅く、視聴者の記憶も鮮明だっただけに残念なニュースだった。

イワンは現在も日本でモデル活動をしているようだ。

大人びたイケメンモデルになっていた

第六章

二世タレントの薬物事件

1　若山騎一郎・仁美凌

二世同士の呆れたカップル

二〇一三年　覚せい剤取締法違反（懲役一年、執行猶予三年）

わかやま・きいちろう。一九六四年生まれ。俳優。
父は若山富三郎、叔父は勝新太郎。
ひとみ・りょう。一九八〇年生まれ。女優。
父は上原謙、母はタレントの大林雅美、加山雄三は異母兄。

双方が昭和の大俳優を父に持つ若山と仁美の交際が、最初に報道されたのは二〇一〇年三月三一日だった。その後二〇一二年五月に結婚し、大型二世同士のカップルとして話題を集めた。ところが五カ月も経たない一一月に離婚。さらに一年後の二〇一三年一〇月一五日に再入籍する。

その再婚から一カ月あまり経った一一月二八日、若山は、港区南麻布の自宅に微量の覚せい剤を所持していたとして千葉県松戸署に逮捕される。捜査員が踏み込んだ時、その場にいた妻の仁美も、尿検査の結果覚せい剤反応が出て、翌二九日に逮捕された。若山は「一年前から持っていた。二日前にも吸引した」などと供述した。

若山はトラブルメーカーとして有名だった。苦労知らずの二世らしく金銭感覚が欠如しており、父や叔父とは俳優としての格がまったく違うのに、豪放な振る舞いを真似て人に奢ったりする、見栄っぱりなところがあった。しかし収入も計画性もないので、家賃未払いや、自身が監督した作品の出演女優に対する出演料未払いなどが問題になったこともある。

女性関係もルーズで、仁美の他にも関係のある女性Aさんがいた。短期間での離婚や再婚は若山が仁美とAさんの間を行ったり来たりしていたのだった。若山と仁美の再婚で若山に捨てられた格好となったAさんが、住んでいる松戸市の警察にタレ込んだことから、都内在住にもかかわらず松戸署に摘発されることになった。

二〇一四年二月、若山と仁美にはそれぞれ千葉地裁により、懲役一年、執行猶予三年の判決が言い渡された。

事件の後、若山は南麻布のマンションを追い出され、「限

すでに離婚している二人

りなくホームレスに近かった」という。贖罪のためにと福島第一原発事故の除染作業員となったが、一日で逃げ帰った。仕事自体がブラックで問題の多いものだったとはいえ、あまりの忍耐力のなさに仁美が呆れ返って愛想を尽かし、三月二五日には再び離婚した。

その後、若山はアルバイトでバーテンをしつつ、二〇一五年五月、自身が一九九九年から座長を務める舞台で復帰を図ったが、満席には届かない状況だった。

なお、若山の叔父の勝新太郎および、若山のいとこに当たる勝の子供の鴈龍と奥山真粧美も薬物による逮捕歴を持つ。勝が一九九一年の三回目の逮捕の際、下着に薬物を隠し持っていたことから「もうパンツははかない」という迷言を吐いたのは有名だ。困った薬物好き一族である。それでも勝は悪いことをしていてもなお、圧倒的なオーラと風格で人々を魅了していた。しかし若山や勝の子供たちは、残念ながらどう贔屓目に見ても、常識が欠落している、ただのダメ人間にしかすぎない。

2　中村俊太

事件後はゴルフインストラクターに転身

二〇〇九年　大麻取締法違反（起訴猶予）

なかむら・しゅんた。一九七七年生まれ。元俳優。

父は俳優の中村雅俊、母は女優の五十嵐淳子。

中村はアメリカの大学を卒業後、二〇〇一年に、父が主演するドラマ『歓迎！ ダンジキ御一行様』（日本テレビ系）に出演し、芸能界にデビューした。いかにも人気俳優の二世らしい滑り出しである。

父の中村雅俊は、若い時からずっと高い好感度を誇ってきた。長身、慶応卒のエリート、おおかで優しいイメージ、実生活でも妻の五十嵐とはおしどり夫婦として有名で、幸せな家庭を持つ良き父でもあるという、非の打ち所のない優等生タレントだ。

中村も育ちの良さがにじむ好青年ではあったが、父母に比べれば、芸能人として凡庸な感じは否めなかった。それでも父が社長を務める事務所に所属し、脇役ながら多くの作品に出演して俳優業は順調だった。ＣＭに親子で出演したこともあった。

そんな恵まれたお坊ちゃまが、大麻所持で突然逮捕されたのだから晴天の霹靂だった。

二〇〇九年四月四日午前三時、東京都杉並区の住宅街に車が停まっているのを不審に思った警察官が、運転席にいる中村に職務質問したところ、車内から大麻が見つかったため、大麻所持容疑で現行犯逮捕された。大麻は一グラムにも満たない微量だった。中村は落ちついた様子で否定はしなかったという。車はセダンタイプの外車で、同乗者はいなかった。

翌日、父の中村雅俊は記者会見で、号泣しながら「事務所も辞めさせ、役者も辞めさせる。絶対に更生させます」と述べた。

四月一四日には、初犯で大麻も微量であり、反省もしているということで起訴猶予処分となり、中村は釈放された。中村雅俊と五十嵐淳子は連名で、「すこし時間をあけ、報道各社の意見も重く受け止め、今回の反省、謝罪、今後の更生について私ども夫婦と息子で時間をかけて話し合っていきたい」と手書きで文書を出した。

その後、父の言ったとおり、中村はあっさりと俳優を辞めたが、本人より、父のイメージダウンの方が深刻だったかもしれない。同じ不祥事でも、「優等生」や「清純派」に世間は厳しいのだ。この事件は、中村雅俊の輝かしい芸能人生における唯一の危機だった。ちなみに日本テレビ社員の中村の妹も、この時は肩身の狭い思いをしたらしい。

ゴルフスクールのＨＰより

俳優をやめた中村はすっかり更生し、ゴルフスクールのインストラクターに転身している。ゴルフスクールのＨＰのプロフィールには、「高校生からゴルフを始め、在学中に当時世界ナンバーワンプレイヤーを数多くティーチィングしたブッチハーモンに師事しスイング理論を教わる」と記され、さらりとセレブ育ちぶりを垣間見せている。

3　大空博人

二世の弱さを露呈した再犯

二〇〇二年　覚せい剤取締法違反（懲役二年六カ月、執行猶予五年）／**二〇〇八年　覚せい剤取締法違反**（懲役一年四カ月）

おおぞら・ひろと。一九七五年生まれ。元俳優。
母は女優の大空真弓、父は俳優の勝呂誉。

大空真弓と勝呂誉は離婚したため、大空博人は六歳から母親の大空真弓の元で、女手一つで育てられた。有名女優の息子の特権で、九〇年代には、『ツインズ教師』（テレビ朝日系）、『白線流し』（フジテレビ系）などいくつかの人気ドラマに脇役で出演した。しかし俳優として成功することはできず、定職もないまま母親に金銭的に頼って生活するようになっていった。そんな博人の煮えきらない人生を埋め合わせたのが、覚せい剤だったのだろうか。

二〇〇二年一月の最初の逮捕は、覚せい剤におぼれる息子を見かねて、母親の大空みずからが警察に通報したことによるものだった。警察官が東京都千代田区の自宅マンションに訪れ、覚せい剤数グラムを所持していたとして博人を現行犯逮捕した。一月末に起訴され、二月六日に保釈となったが、博人は保釈中に覚せい剤を使用して、再び逮捕された。母親の大空は記者会見を開き「もう一度お腹に戻して産み直したい」と嘆いた。判決は、懲役二年六カ月、執行猶予五年と、保釈中の再犯の分やや重いものとなった。裁判後、父親の勝呂誉は「（大空真弓の）育て方が甘かったのだろう。これからはこちらで育てたい。息子をぶんなぐってでも更生させる」と述べ博人を引き受けた。

しかし執行猶予中も覚せい剤をやめることはできなかった。二〇〇三年、博人の様子がおかしいと近所の住民が警察に通報。南青山の路上で職務質問を受け、任意同行した警察で尿検査をした結果、覚せい剤反応が出たため、逮捕状が出された。ところがその後、覚せい剤による精神症状で病院に長期入院したため、五年後の二〇〇八年に退院を待って警視庁赤坂署が逮捕するという異例の事態になった。再犯ということで懲役一年四カ月の実刑判決を受けた。

入院治療中の二〇〇七年には父の元から再び大空の庇護下に戻っている。博人は入院中に「お母さんの子供でよかった」と語ったそうだが、最後に頼れるのはやはり母親だったということなのだろう。

4　高橋祐也

母の甘さが批判の的に

一九九八年　覚せい剤取締法違反（保護観察処分）／**二〇〇〇年　覚せい剤取締法違反**（懲役二年、執行猶予五年）／**二〇〇七年　覚せい剤取締法違反**（懲役一年六カ月）

たかはし・ゆうや。一九七九年生まれ。元俳優。
母は女優・三田佳子、父は元NHKプロデューサー・高橋康夫、兄は俳優の森宮隆。

十代での覚せい剤デビュー

薬物事件を起こしたボンボンの中でも、大女優・三田佳子の次男・高橋祐也は、ダメ二世の典型だった。

高橋が最初に捕まったのは、まだ一八歳の現役高校生だった一九九八年一月のこと。自宅の地下室で未成年の友人たちと覚せい剤を使用したとして逮捕された。

当時、三田は女優として乗りに乗っている時期で、CM女王として抜群の好感度を誇っていた。芸能人長者番付でもトップクラスで、経済的にも潤っていた。

息子の逮捕に際して行った会見で、三田は「母が女優ということで未成年である息子の事件が報道されてかわいそう」と息子を庇い、親バカぶりを発揮。さらに高橋の小遣いが月五〇万円だったことが明らかとなり、一般人とは遠くかけ離れたセレブ芸能人の感覚と生活が露呈した。高橋の罪に加えて、三田の会見ぶりが世間の反感を大きく買って、大女優でありながら良き妻であり母でもあるというところで人気を得ていた三田のイメージは大きく毀損した。この後、七社あったCMをすべて降板し、女優活動の一〇カ月の自粛を余儀なくされ、トップ女優の座から滑り落ちていった。

高橋は初犯で未成年ということから、保護観察処分が下された。あと少しで卒業を迎えるはずだった高校は退学となった。

筋の悪い交友関係

これで立ち直れば、若気の至りで済んだはずだが、二〇歳となった二〇〇〇年一〇月、再び同じ地下室で覚せい剤乱用パーティーを開き、友人の一七～二〇歳の男三名、女一名と共に逮捕された。覚せい剤でパニック状態になった仲間の一人が、帰宅途中交番に「ヤクザに追われている」と駆け込んで事が発覚した。懲役二年、執行猶予五年の有罪判決を受け、大検を経て入った大学は退学となった。この地下室にはしばしば芸能人も訪れて薬物乱交パーティーに加わっていたという。

逮捕に先立つ五月、東京・大田区のボーリング場「トーヨーボール」の駐車場で、関東連合系の暴走族一四名が、対立する暴走族と間違えて無関係の少年を暴行・拉致し殺害するという、「トーヨーボール事件」が起こった。この時、犯人らが犯行に利用した車両が三田佳子名義のもので、高橋が犯人に貸したものだったことが発覚する。主犯格は当時まだ未成年だった柴田大輔、伊藤リオンらで、石元太一の関与もささやかれる。のちに悪名を轟かせる面々である。当時の高橋が非常に筋の悪い人物たちと付き合いがあったことがうかがわれる。

この件でも三田は「逮捕された方の発言ですから」と関与を否定し息子を庇ったが、事件から一年後、被害者遺族から責任逃れをしていると、三田と高橋に対して民事訴訟を起こされている。

自宅での犯行ということで三田の監督責任を問う声もあったが、この種の連中に溜まり場にされてしまっては、どうにもできない面もあったのかもしれない。

二回目の犯行とあって世間の目も厳しく、事件後三田は一年間仕事を自粛した。

繰り返される覚せい剤使用

二回の逮捕を経た高橋に、三田と仕事上で親交のあった演出家の唐十郎が救いの手を差し延べた。唐が身元引受人となり、唐の主催する「劇団唐組」に入団し舞台俳優になったのだ。ここまでしてもらえるのは大女優の息子の特権という他ない。しかし、いくつか舞台に出演し

『真実真正日記』より

たものの、結局ついていけず二〇〇三年に劇団を脱退。その後はVシネマ出演やインディーズでの歌手活動など、ぼちぼちと芸能活動をしていたが、また覚せい剤に手を出してしまう。「あいつはまだやっている」という噂が立ち、次第に仕事で使ってもらえなくなったという。そして二〇〇七年一一月、ついに三回目の逮捕となる。コンビニエンスストアのトイレで吸引していたことを店員が警察に通報、警察官が駆けつけて路上で高橋に職務質問したところ、覚せい剤約〇・一グラムを所持していたため、現行犯で逮捕された。

三田は会見で「すべては私たち夫婦の教育の失敗」と全面的に謝罪したものの、一方ではいまだに高橋に月額七〇万円もの小遣いを渡していることが発覚。どこまでも一般人とはかけ離れた感覚の持ち主なのだ。そして過去二回とは違い今回は仕事の自粛もしなかった。とはいえ、息子の度重なる不祥事により、三田の仕事はCM女王といわれたかつてに比べれば激減し、舞台を中心に細々と活動している状況だった。

三回目の逮捕とあって、今回は高橋に一年六カ月の実刑が言い渡された。いったんは薬物依存治療に専念したいからと控訴するも、治療の目途がついたとして取り下げ、治療に区切りのついたところで収監された。二〇〇九年六月に仮釈放されると、アルコール・薬物依存リハビリセンター「琉球ガイア」に入所する。ここでのリハビリは効を奏したようである。

二〇一〇年二月には三、四年前から付き合っていたという二六歳の一般人女性と結婚、一〇月には長男が誕生した。結婚から約一年間ほど、『真実真正日記』というブログで自身の生活ぶりなどを綴っていた。生活費は親持ちだったようであるが、文面からは落ち着いた生活ぶりが伝わってくる。ブログも自己管理の一環だったのかもしれない。

以降今日まで、問題を起こすことなく無事に過ごしているようだ。

第七章

スポーツ界の薬物事件

1　若ノ鵬寿則・若麒麟真一

大相撲力士大麻問題

若ノ鵬＝二〇〇八年　大麻取締法違反（起訴猶予処分）　**若麒麟＝二〇〇九年　大麻取締法違反**（懲役一〇カ月、執行猶予三年）

わかのほう・としのり。一九八八年生まれ。ロシア出身、元力士。

二〇〇四年に来日し、大嶽部屋を経て間垣部屋に入門。二〇〇五年に初土俵を踏み、外国人力士では史上最年少となる一八歳五カ月で十両に昇進。二〇〇八年に大麻取締法違反で逮捕され、角界を引退。三年半の生涯戦績は一三一勝八一敗で、将来を嘱望される若手力士だった。

わかきりん・しんいち。一九八三年生まれ。元力士、プロレスラー。

中学卒業と同時に押尾川部屋に入門し、一六歳で初土俵を踏む。立ち合いからの突っ張りを武器に十両に昇進。尾車部屋移籍後の二〇〇九年に大麻取締法違反逮捕により引退。生涯戦績は二七九勝二三二敗。執行猶予中の二〇一〇年にＩＧＦより本名の鈴川真一としてプロレスデビューした。

ロシア人力士の大麻使用が発覚

体罰によるいじめや八百長疑惑など次々と問題が明るみになり、すっかり伝統ある国技のイメージが損なわれてしまった大相撲だが、マスコミによる糾弾の発端となったのがロシア出身力士の若ノ鵬の逮捕だった。

若ノ鵬というと、身長一九五センチメートル、体重一六二キロという恵まれた体格を活かし、外国人力士では史上最年少となる一八歳で新入幕を果たした逸材。当時は白鳳と並んで将来を嘱望される外国人力士だった。

そんな彼が二〇〇八年八月、大麻取締法違反で逮捕され、世間は騒然となった。角界を揺るがす騒動の発端が、彼が路上で落としてしまった財布の中に大麻入りのタバコが入っていた容疑だというから、なんとも間抜けな話である。家宅捜索を受けることになり、自宅から吸引用パイプが発見され、間垣部屋からも同様のものが見つかった。相撲部屋でも大麻を使用していたということであり、他の力士も一緒に使用していたか、やらなかったとしても知っていた可能性が高い。

以前から粗暴な言動が取り沙汰される問題児だったこ

大相撲の闇を暴露する若ノ鵬

ともあり、日本相撲協会は即座に若ノ鵬を解雇した。若ノ鵬は解雇処分が無効だとして訴訟を起こしたが却下され、相撲界を引退してロシアに帰国することになった。

この事件を重く受け止めた日本相撲協会は、同年九月に十両以上の力士を対象に抜き打ちの薬物検査を実施した。そしてロシア出身の露鵬（大嶽部屋）と弟の白露山（北の湖部屋）から大麻の陽性反応が検出されたのだ。二人は大麻使用を否認し、家宅捜索でも証拠が発見されなかったことから逮捕には至らなかったが、専門機関の精密検査でも陽性反応が出たため解雇された。若ノ鵬と同じく露鵬と白露山も解雇処分は無効として日本相撲協会を相手どって訴訟を起こしたが、こちらもやはり却下されている。

騒動の発端となった若ノ鵬は、その後『週刊現代』において「栃ノ心と黒海の三人で間垣部屋の個室で吸っていた」と暴露した。共にソ連から独立したジョージア（グルジア）出身の力士であり、露鵬と白露山もロシア出身だから、ロシア文化圏の力士同士で大麻を介した交遊関係があったものと見られる。

ロシア人の彼らからすれば、相撲界からの追放という厳罰に対して「大麻ごときでなぜ？」というのが正直な感想だろう。オランダやベルギーでは大麻が合法化され、アメリカでも州によっては合法となっている。彼らの祖国ロシアでは二〇グラム以下の大麻所持は、四〇〇〇ルーブル（六六〇〇円程度）以下の罰金か、地域奉仕の処罰になるくらいのことなのだ。そのため大麻に対して罪の意識が希薄だったのかもしれない。しかし、ここは日本であり、しかも日本でもっとも閉鎖的な角界である。彼らはもっと慎重に行動すべきだった。

大麻問題は氷山の一角にすぎない

ところが、角界の大麻汚染は外国人力士だけの問題ではなかった。翌年の二〇〇九年一月には若麒麟が日本人力士として初めて逮捕されたのだ。しかも若ノ鵬が大麻取締法違反の基準に達しない約〇・四グラムという微量の所持だったのに対し、乾燥大麻一六グラム所持という現行犯であった。

実は若麒麟は以前から疑われていた。前年に行われた日本相撲協会による薬物検査の際、二度も陰性とも陽性ともとれる微妙は反応が出ていたのだ。しかし、三回目の検査で陰性が出たためお咎めなしとされていた。

警察当局も若麒麟をマークしていたわけではなかった。神奈川県警が大麻譲渡事件の容疑者を捜査するため、六本木のCD販売店の事務所を家宅捜索したところ、たまたまそこに若麒麟が居合わせ、大麻を包んだティッシュペーパーをテーブルの下に投げ捨てて隠そうとしたことで所持が発覚し、売人グループと一緒に逮捕されてしまったのだ。

警察当局の狙いはヒップホップグループ「練マザファッカー」のリーダー格であるD・Oをはじめとするメンバーの逮捕だった。東京練馬区を活動拠点とするストリート系グループとしてヒップホップの世界では知られた存在であり、実際こうして大麻譲渡で捕まったことを思うと、筋金入りの不良グループだったことがわかる。

古風な力士のイメージからは考えにくいが、たとえ伝統を背負った力士といえども現代の人間である。当時二五歳だった若麒麟の実像はヒップホップを愛聴する尖がった若者だったのだろう。

若麒麟は逮捕翌日に相撲協会に引退届けを提出し、退職金にあたる力士養老金を辞退した。懲役一〇カ月、執行猶予三年の判決が下されたが、執行猶予中の二〇一〇年に本名の鈴川真一としてアントニオ猪木主催のＩＧＦよりプロレスデビューしている。もともとプロレスラーのほうが向いていたのではないかと思わせる活躍ぶりだ。

国技の威信を揺るがす問題ではあったが、大麻汚染ならまだかわいいものだったかもしれない。大麻騒動の発端となった若ノ鵬が『週刊現代』の記事で相撲界の八百長を告発していたのだ。

魁皇、琴欧洲、千代大海、春日錦の四人と八百長相撲をしたことを告白し、「本当は他にも一七人いる」と話した。自らも八百長相撲を取った見返りに現金数十万円を得てい

猪木門下で鈴川真一として活躍

たという。それが日本では昔から行われてきたことだと親方から教えられ、ましてそれを断ると「かわいがり」というい じめが待っているため断れなかったという。そして、「現在の相撲協会は汚いです。たとえ私が戻れたとしても、今のままでは我慢できません。何をされるかわからないからです」と訴えていた。自身の大麻使用から世間の目を逸らそうとしたのか、角界からの引退を迫られ破れかぶれになったのか、いずれにせよ大麻問題以上にセンセーショナルな話題を提供したのである。

この報道に対して日本相撲協会が講談社を相手取り訴訟を起こしていたが、のちになって若ノ鵬は「相撲界に復帰できる」と人にそそのかされて言った嘘だったとして八百長証言をすべて撤回してしまったのだ。これには講談社側も唖然としたらしい。口封じにいくらかもらってロシアに帰国したと思われても仕方がない顚末だが、真相はわからない。

これで収束したかに思われたが、二〇一一年に問題が再び蒸し返された。野球賭博に関与した力士から押収したケータイのメールによって再び大相撲八百長疑惑が浮上したのだ。この時またもや若ノ鵬がマスコミに引っ張り出され、八百長に関わった力士として琴光喜や琴奨菊の名を明かしている。大麻問題は大相撲界が抱える問題の氷山の一角にすぎなかったのだ。

2　宮尾祥慈

同棲相手から足がついた逮捕

二〇〇八年大麻取締法違反（懲役六カ月、執行猶予三年）

みやお・じょうじ。一九八一年生まれ。プロテニスプレイヤー。
二〇〇四年よりプロに転向。茶髪でヒップホップ好きな個性派選手として鳴らした。

二〇〇八年一〇月一五日、AV女優の倖田梨紗が、覚せい剤所持を疑われて関東信越厚生局麻薬取締部による家宅捜索を受けた際、覚せい剤と共に大麻が発見された。宮尾はこの時、倖田と半同棲状態にあり、倖田が「宮尾と一緒に吸うためのものだった」と供述したため、宮尾に出頭を求めたところ大麻使用を認め、逮捕に至った。倖田は宮尾の気を引くために日本人の売人から買ったと話した。宮尾と倖田は交際を始めてから日が浅く、倖田が覚せい剤を使っていたことについては知らなかったという。

宮尾の逮捕を受け、所属していた実業団チーム「旅ポケドットコム」は、一一月七日をもって宮尾との所属契約を解除し、二二日付けでチームも廃部にした。

また宮尾が所属する日本テニス協会は、一一月一三日に臨時常務理事会を開き、執行猶予期間が終わるまでの宮尾の資格剥奪処分を決定した。逮捕時宮尾は日本テニス協会のランキングで男子シングルス二三位の選手だった。

一二月二二日東京地裁で、懲役六カ月、執行猶予三年の判決が言い渡された。

宮尾は、当時ジャニーズ所属の赤西仁を中心とした夜遊び仲間「赤西軍団」のメンバーとして知られ、つるんではよく六本木のクラブなどに繰り出していた。退廃的な夜遊びショットが多数流出し話題になるなど、赤西軍団にはいろいろと良からぬ噂も多かった。宮尾の父親は演劇学者としても知られ大学講師も務める厳格な人物だというが、反動があったのかもしれない。

また倖田梨紗も、ジャニーズ所属だった田中聖とかつて交際していたことがあり、二人の逮捕でジャニーズタレントにも捜査の手が及ぶのではないかと見られたが、決め手に欠けたのか結局逮捕には至らなかった。

宮尾は逮捕後しばらくはおとなしく過ごしていたようであるが、翌年の三月頃には再び赤西らとの遊びを復活させている。

3　野村貴仁

廃人のような風貌に驚愕

二〇〇六年　覚せい剤取締法違反（懲役一年六カ月、執行猶予三年）

のむら・たかひと。一九六九年生まれ。元プロ野球選手。

一九九〇年オリックスバッファローズに入団、速球を武器に活躍する。一九九八年読売ジャイアンツに移籍するが故障もあって期待された成績は残せなかった。その後、二〇〇一年にメジャーリーグのミルウォーキーブルワーズ、二〇〇三年に日本ハムファイターズ、二〇〇四年に台湾の誠泰コブラズを渡り歩いたのち引退した。

二〇〇六年一〇月三一日、野村が覚せい剤を使用しているとの情報提供を受けた捜査員が、自宅の家宅捜索を行ったところ、注射器一本と覚せい剤が入っていたと見られる袋を発見。尿検査でも陽性反応が出て逮捕された。二〇日から三〇日にかけて、高知市周辺で覚せい剤を使用したという容疑であったが、野村は「やってないから何もしゃべらない」（スポーツニッポン）と当初容疑を否認していたようだ。

一二月二六日、懲役一年六カ月、執行猶予三年の判決が言い渡された。公判ではオリックス在籍時に外国人選手から勧められて「グリーニー」を使うようになり、同僚選手にも分け与えながら、メジャーリーグ挑戦のためアメリカに渡るまで服用を続けていたことを明かした。

グリーニーとは覚せい剤の一種で、緑色のカプセルに入っていることからこう呼ばれている。運動機能の高まり、披露回復、集中力の高まりなど、いわゆるドーピングに近い症状が現れ、以前は大リーグなどでよく使われていた薬物であるが、当時はすでに世界各地で禁止されていた。

注目されたのは、野村からグリーニーをもらっていた同僚とは誰なのか、ということだ。そしてその最有力候補とされたのは清原和博だった。

翌年、野村は雑誌の取材で「巨人に在籍していた時期に多くの同僚選手がグリーニーをコーヒーに溶かして服用していた」と暴露している。また一部週刊誌は、二〇〇七年に清原と野村が電話で薬物のやり取りをしていると報じた。

当時警視庁は、複数の情報を元に清原を捜査していたが、覚せい剤の使用を確認できず立件を断念している。しかし清

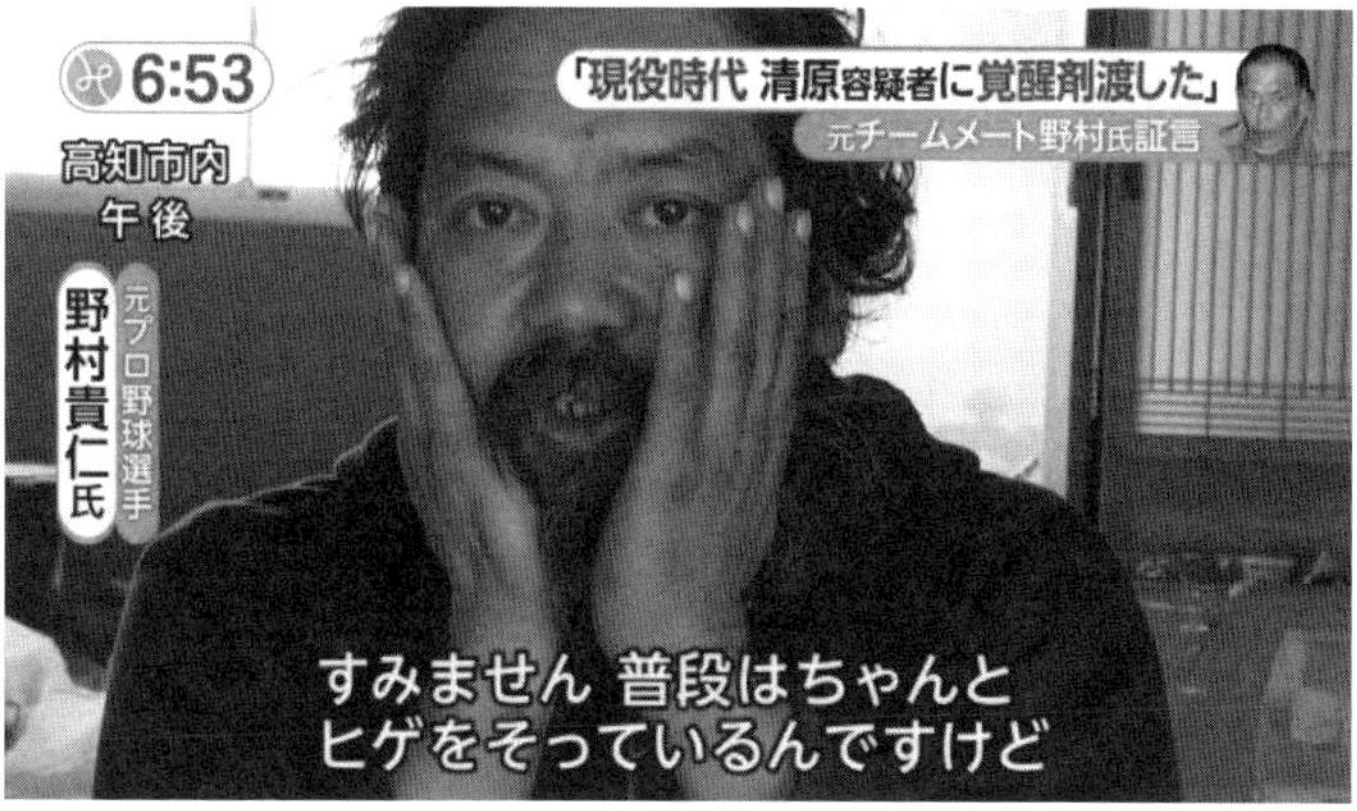

あまりの変貌ぶりに日本中が驚愕

原の薬物疑惑はこの頃からくすぶり始める。

その後消息が摑めなくなっていた野村だったが、二〇一六年二月、清原の逮捕を受けて突然メディアに登場する。

九日の『情報ライブ　ミヤネ屋』(日本テレビ系)を皮切りに、『日刊スポーツ』の取材に応じ、『とくダネ!』(フジテレビ系)、『スッキリ!』(日本テレビ系)などで立て続けに取材に応じた。その中で現役時代に清原に覚せい剤を渡していた、清原は九八年から覚せい剤を使っていたなど、衝撃的な話をしていたのだが、何よりの衝撃は野村の変わりようだった。髭はボサボサに伸び放題、目はうつろでろれつも回らない。選手時代の精悍な面影はどこにも見い出せなかった。部屋の中はごみ屋敷で、荒れた生活ぶりがうかがえた。金に困っているらしく、取材の謝礼で荒稼ぎができたようだ。彼にとっては〝清原特需〟だったのだろう。話の信憑性には疑問があり、すべてを鵜呑みにすることはしづらい状況である。

野村はすでに覚せい剤をやめているはずなのに、それでもなお廃人のような悲惨な姿を晒したことで、覚せい剤の恐ろしさを社会に伝えた点では、大きな貢献をしたかもしれない。

4　嵐

痛みを和らげるために使った大麻

二〇〇六年　大麻取締法違反（懲役六カ月、執行猶予三年）

あらし。一九六一年生まれ。プロレスラー。
元大相撲力士卓越山。十両まで昇進するが廃業し、一九八七年に全日本プロレスに入門、高木功としてデビュー。プロレス界の混乱によりいくつものプロレス団体を渡り歩き、その過程で嵐を名乗るようになった。身長一九〇センチ、体重一四六キロ、「空爆重戦車」のニックネームを持つヘビー級レスラー。

二〇〇六年七月六日、嵐は、車のトランクに大麻を隠し持っていたとして、警視庁葛西署に現行犯逮捕された。嵐が所属していた全日本プロレスは翌七日に都内事務所で緊急会見を

全日本プロレス時代の嵐

開き、嵐が大麻不法所持で逮捕されたことを発表し、ファンとスポンサーに謝罪した。嵐は解雇され、全日本プロレスから永久追放が宣言された。

公判では、初めて大麻をやったのは二五歳頃のハワイ旅行の時だったと明かした。しかし、その後継続して使うことはなく、前年の三月にフィリピン人からもらってから再び使うようになったということだった。大麻を使った理由として嵐は、プロレスで受けた痛みを和らげるためだったと述べた。懲役六カ月、執行猶予三年の判決が言い渡された。

二〇〇七年、藤波辰爾率いる「無我ワールド・プロレスリング」に練習生として入り、高木功としてスタッフの仕事も手伝いながら再起を図る。二〇〇八年二月に再びリング名を嵐に戻し、プロレス界に復帰している。

第八章

文化人・業界人の薬物事件

1　塚本堅一

ＮＨＫ現役アナ逮捕の衝撃

二〇一六年　医薬品医療機器法違反（略式起訴、罰金五〇万円即日納付）

つかもと・けんいち。一九七八年生まれ。元ＮＨＫアナウンサー。大学卒業後二〇〇三年にＮＨＫ入局。京都、金沢、沖縄の放送局を経て二〇一五年より東京アナウンス室に勤務。二〇一五年三月から報道・情報番組のリポーターを務めていた。

二〇一六年一月一一日、東京都渋谷区ＮＨＫ放送センターアナウンス室が厚生労働省関東信越厚生局麻薬取締部に家宅捜索を受けるという異例の事態が発生した。

前日の一月一〇日午前、同局の塚本堅一アナウンサーの東京都文京区の自宅が家宅捜索を受け、小瓶に入った液状の指定薬物を含む危険ドラッグ（「ラッシュ」と見られる）二本などが押収され医薬品医療機器法違反で逮捕されたことによるものだった。塚本容疑者は素直に取り調べに応じ「自分で使うものだった」と容疑を認めた。

これを受けて一月一一日、ＮＨＫ広報部は謝罪のコメントを発表し、ホームページの塚本アナウンサーの紹介ページは即日削除された。このＮＨＫの速い対応に驚く人も多かったが、不祥事続きのＮＨＫには抗議の電話が殺到した。

また、一月二九日には自宅で規制対象の薬物を含む液体約六・四ミリリットルを製造していたとして医薬品医療機器法違反容疑で再逮捕され、こちらについても「自分で使うために作った」と容疑を認めた。二月九日、罰金五〇万円の略式起訴となり、これを即日納付したが、二月一六日付け二三日発令でＮＨＫより懲戒免職となった。

現役アナウンサーの逮捕というショッキングな出来事に加えて、公共放送の社員であったことで世間には大きな衝撃が走った。また塚本の印象とドラッグ使用のイメージがあまりにもかけ離れていたことにより衝撃が増したようである。インターネット上には「ラッシュ」というドラッグの持つ特性上、スキャンダラスな噂も飛び交っている。

塚本は大学で演劇学を専攻しており演劇に造詣が深く、特に宝塚ファンとしてはかなり有名だったようだ。また、猫と

親しみやすいキャラだった

スイーツをこよなく愛し、スイーツに至っては自分でも作り、その腕前はプロ級と評されるほどのものだった。

人物像が明らかになればなるほど、ドラッグとはまったく無縁の人間に思えてならない。明るくて優しく、同僚からの信頼も厚く、局内での評価も高かったという「フツーのおじさん」がなぜ違法な薬物に手を出してしまったのか。塚本が上京後失恋したという噂も聞かれ、ドラッグに手を出すきっかけがこれによるものなのか。それとも仕事上の悩みによるものなのか。また今回の事件発覚のきっかけは「仕事仲間からの密告だった」という説もある。まずはしっかりと更正して欲しいものである。

2　嶽本野ばら
受け入れられなかった麻薬の文学

二〇〇七年　大麻取締法違反（懲役八カ月、執行猶予三年）／**二〇一五年　麻薬及び向精神薬取締法**（懲役二年六カ月、執行猶予五年）

たけもと・のばら。一九六八年生まれ。小説家。

地元関西のフリーペーパーで連載したエッセイが熱狂的な支持を受け、一九九八年に単行本化。

二〇〇〇年に小説集『ミシン』で小説家デビュー。その後『エミリー』『ロリヰタ。』が三島由紀夫賞候補になるなど文学界から高く評価され、「乙女のカリスマ」としてカルト的な人気を得ていた。二〇〇四年の『下妻物語』の映画化により人気作家となるも、事件後は仕事が激減し、苦境にあえいでいる。

かつての文学者からの影響

映画化された『下妻物語』の原作者として知られる小説家の嶽本野ばらが二〇〇七年九月二日に大麻取締法違反で現行犯逮捕された。コミカルな現代劇だった『下妻物語』はどちらかというと彼にとっては異色作であり、本領はロリータ趣味や怪奇趣味を得意とする現代作家としては異端の作風にあった。太宰治や澁澤龍彦を彷彿とさせる、どこか神経質そうな雰囲気と、ビジュアル系ミュージシャンを思わせるルックスで、一部のファンからは「乙女のカリスマ」として熱く支持されていた。

逮捕直前に執筆していたのが『チョコレートカンタータ』という書き下ろし小説である。薬物をチョコレートに見立てて中毒者を描いた作品だったが、入稿を終えた解放感から大麻を吸って新宿歌舞伎町をぶらぶらしていたところを、職務質問をされ大麻所持で現行犯逮捕となる。ちなみに大麻樹脂を固めたものを隠語で「チョコ」と言い、このことからもほとんど直接的に麻薬について書こうとしていたことがわかる。あまりにタイムリーだったため、担当編集者は話題作りのためにわざと捕まったものと思ったそうだ。

そもそも嶽本が麻薬に興味を持つようになったのは、十代の頃から愛読していた芥川龍之介や太宰治といった純文学作家の影響だった。芥川は睡眠薬中毒であり、太宰は麻薬性鎮痛剤のパピナール中毒、坂口安吾がヒロポン中毒だったように、かつての純文学作家は薬物に耽溺し、その影響をそこかしこで作品に投影してきた。さらに海外文学でいうと、フランス人作家のボードレールやジャン・コクトーが阿片中毒であったように、まだ薬物の規制がそれほど厳しくなかった時代において、ある意味、麻薬は文士のたしなみのような面もあったのだ。

こうした先人たちの影響もあり、逮捕当初は嶽本もそれほど深刻に事態を受け止めていなかったようだ。釈放後すぐに『タイマ』の執筆に取りかかり、三年の執行猶予が解けた二〇一〇年に発表。小説家の「僕」が新宿を歩いていたところ、大麻所持で現行犯逮捕されることから始まるというストーリーで、実体験を元にした私小説的な内容である。逮捕を題材に小説を書くことで、むしろ作家としての評価が高まるものと考えていたのではないだろうか。

しかし、現実は甘くはなかった。

薬物を甘く見ていたのか

逮捕後の経済的困窮

逮捕後は仕事が激減し、幻想文学的な作風も「どうせ麻薬だろ」と揶揄されてしまう。もともと個人的な美意識の世界に生きる作家を自認し、他人からどう見られようがかまわないと考えていたようだが、仕事が来なくなって生活が行き詰ってしまってはどうしようもない。

芸術家としての自負の一方で、借金取りから連日のように電話がかかっていたようだ。嶽本がかなり精神的に追い詰められていた様子がブログから見てとれる。「僕がたった一万円の工面がつかず自死してしまっても悲しまないで下さい。僕は芸術家としてちゃんと生きてまいりましたので……」と締めくくり、太宰治が川端康成にあてた手紙を彷彿とさせる必死の願いで、切実に借金取りに向けて書かれているのだ。その日記の前半部分が芸術への想いが綴られているだけに、かえって憐れである。

けっして作家特有の誇張ではないらしく、逮捕後の経済的困窮からコレクションしていた少女人形をネット・オークションに出品していた。三〇〇〇〇円で出品した「野ばらモデル」の人形が三万二〇〇〇円の高値で落札されたことに気をよくして、その後も相次いで出品しているのだ。耽美系の作家として見られていただけに、あまりに生々しい現実である。

これで懲りていれば、時と共に過去が忘れ去られ、作家生命も盛り返したかもしれない。しかし、二〇一五年四月二三日に嶽本は再び薬物使用の疑いで逮捕されるのだ。今度は麻薬成分「５Ｆ-ＱＵＰＩＣ」を含む植物片約二グラムを所持していたというもの。それまでは「脱法ドラッグ」と呼ばれネットや店頭で販売されていたが、事件や事故が相次いだことから「危険ドラッグ」と呼称を変え、様々な成分が禁止薬物の指定を受けていた。上野の路上で職務質問された時、嶽本は目もうつろで見るからに様子がおかしかったという。
調べに対し嶽本は「ハーブを持っていたのは間違いないが、麻薬が入っているとは知らなかった」と容疑を否認した。おそらく大麻などの禁止薬物には手を出さないようにしていたが、麻薬依存症が抜けきらず、代替物として危険ドラッグを使用していたのだろう。法に触れないものと油断して酩酊状態で街に繰り出すあたり、以前とまったく行動が変わっていない。同年七月一五日に懲役二年六カ月、執行猶予五年の判決を受けた
相次ぐ死傷事故や殺人未遂事件により、危険ドラッグは大麻以上に世間的なイメージが悪い。「乙女のカリスマが危険ドラッグで捕まった」というイメージをどう払拭していくつもりだろうか。もし薬物の力を借りなければ創作ができないという状態になっているとしたら、また同じことを繰り返してしまう可能性もある。それこそ太宰治や芥川龍之介は薬物に依存しながら身を削るように小説を書いたわけだが、それと同じように後世評価されるか、あるいはただの危ない人として忘れ去られていくか、嶽本野ばらの作家人生は今が正念場になりそうだ。

3　劉 昇一郎

問題児だったシャブ漬け芸能マネージャー

二〇一三年　覚せい剤取締法違反

りゅう・しょういちろう。一九六五年生まれ。元「爆笑問題」マネージャー。

二〇一四年六月一六日、東京地裁にて覚せい剤取締法違反容疑で逮捕された男の裁判が行われ、その人物が実はお笑いコンビ「爆笑問題」の元マネージャーであったことが、ある女性誌の報道により明らかになった。男の名は劉昇一郎。公判では「今後は薬物とは縁を切って、きちんと社会復帰をしたいと思います」と謝罪の言葉を述べた。

劉の覚せい剤との関わりは二〇一〇年頃に始まり、二〇一二年には、覚せい剤の売人から「ベテランさん」と名付けられるほどの常連になっていたらしい。驚くことにマネージャー時代から覚せい剤を使用していたということになる。逮捕の時期は明らかになってはいないが、のちに記述する事故の関係者の話から推測すると二〇一四年の三月頃であると見られる。

劉は、爆笑問題の二人と日本大学芸術学部時代の同級生で一八歳から三一年来の付き合いだった。

同志のような存在であったらしい。爆笑問題が所属しメンバーの太田光の妻が社長を勤める芸能事務所「タイタン」に長年勤務し、二〇〇八年には当時弁護士タレントとしてマスコミで活躍し、のちに大阪府知事となる橋下徹の府知事選で選挙統括本部長としても活躍していた。しかし二〇一二年、勤務中に居眠り運転で事故を起こし、それがきっかけで退社している。事故はかなり重大なものであったらしく被害者への賠償は多額だった。その賠償はずっと続くはずであったが、毎月定期的に被害者に支払われてきた賠償金が滞り、二〇一四年三月頃から劉と連絡が取れなくなったと、タイタンに被害者側から連絡があったという。このことから察してこの頃逮捕されたのではないかと見られる。

劉はラブホテルで覚せい剤を使用し、残りと注射器を持っていたところを現行犯逮捕されたそうだが、かなり以前からマークされていたのだろう。事務所勤務時代から劉の評判は良いとは言えず、女と賭け事が大好きで「事務所の問題児」と言われていた。ただ、一方では愛されるキャラだったという話もある。

退社の理由にしても、事故はきっかけにしかすぎず、事故当時ほとんど仕事をせず、日報で嘘の報告をするなど、かなり勤務態度に問題があったそうだ。こうなると通常なら懲戒解雇処分されてしまいそうだが、長年の付き合いからくる温情で、再就職に不利にならないようにとの事務所の計らいにより諭旨解雇になったらしい。

逮捕の影響で関係者に不信感を抱く者も現れ、危機感を持った爆笑問題の事務所は所属タレントを含む社員全員の薬物検査を行い潔白の証明をした。劉は恩を仇で返したことになった。

4　原田宗典
スランプからすがった覚せい剤

二〇一三年　覚せい剤取締法違反・大麻取締法違反（懲役一年六カ月、執行猶予三年）

はらだ・むねのり。一九五九年生まれ。小説家、エッセイスト。

一九八四年に『おまえと暮らせない』がすばる文学賞を受賞、一九八七年頃より小説家として本格的に執筆活動を開始する。軽妙な作風で知られ、『十七歳だった!』『スメル男』など多くの小説やエッセイを執筆している。

華やかだった過去

二〇一三年九月七日夜、渋谷の東急本店横を歩いていた際の挙動が不審だったことから、渋谷警察署員が原田を職務質問したところ、覚せい剤〇・九グラムと大麻〇・八グラムを所持しているのが見つかった。原田は取り調べで「間違いありません」と容疑を認めた。

『BUBKA』によれば、原田のことをよく知る演劇関係者が以下のように語っている。「ここ数年で仕事が激減していくプレッシャーがあったんだと思う。『俺はもう作家としては終わっている』などとボヤくこともよくあった。たしかに挙動もおかしかったのだが、まさかドラッグをやっているとは思わなかった」「この夏に原田君から深夜に何度も電話があったんですよ。はじめは寝てたので無視していたのですが、あまりのコールの多さに結局は取った。だけど、ろれつが回ってなくて、何を言っているのか聞き取れなかったんですよね。ここ数年躁うつ病のクスリを飲んでいたから、そのせいかと思っていたんですが」

原田が小説家としてデビューしたのは、バブル華やかなりし八〇年代だった。当時の、明るく軽やかなものが好まれる風潮に乗って、原田はたちまち人気作家となる。九〇年代までは、売れっ子文筆業はステイタスも収入も高い華やかな職業だった。

原田は一九九六年には中央自動車道をポルシェで走行中に大事故を起こしている。良し悪しはともかく、当時の原田にはゴシップにも人気作家らしい勢いが感じられた。二〇〇〇年頃には、愛人が子供を産むという騒動があり、後から見ればこの頃が曲がり角だったのかもしれない。やがて原田は次第に作家として行き詰まり、若い頃からの躁うつ病も悪化、ますます書けなくなるという悪循環に陥っていったようだ。

その裏には、作風が時代と合わなくなってきたことに加え、出版業自体の凋落も関係があった。いつの間にか、もの書きはなかなか食えない厳しい職業になりつつあった。それは華やかな時代を知っている原田には堪えたのではないだろうか。

別居と震災が引き金に

公判では、覚せい剤使用に至った経緯が以下のように明らかにされた。

原田が最初に覚せい剤を使ったのは、二〇〇三年頃だった。ちょうど執筆活動がスランプに陥ってきた時期である。「知り合いの知り合いのような人に勧められ、何だかわからずに吸引した。最初は好奇心からで、あまり変化は感じられなかった」、そしてその後繰り返し使うことはなかったという。しかし二〇一一年四月頃に、再び覚せい剤に手を出してしまう。そのきっかけは、家庭内に問題があり妻子と別居して一人暮らしを始めたところに、震災が起き、心のバランスが保てなくなったことだった。うつ病がひどい時に覚せい剤を使うと、ほんの二、三時間少し症状が軽くなった。しかし覚せい剤の使用は根本的な解決にはならず、強い罪悪感が伴って、もうやめようとしょっちゅう思ってはいたが、やめることはできなかった。

原田の妹、原田マハも小説家である。デビューが遅かった代わりに、今は兄より売れている。同業者として、接触しすぎると妨げになると考え、結果としてその気遣いが兄を孤独にしてしまったと振り返り、今後の接し方について「これからは、見守って接触して一人にしない。みんなが見守ってい

『メメント・モリ』で再生を果たす

ることを兄にわかってもらう環境が大事」と述べた。一方の原田も、「差し延べられた手を、これからは握っていきたい」と述べた。

一一月二二日、懲役一年六カ月、執行猶予三年の判決が言い渡された。

二〇一五年七月七日、『新潮』八月号で、原田は一〇年ぶりの長編小説『メメント・モリ』を発表し復活を果たした。「二〇世紀にケリをつけようと思った」というこの小説の中では、自身の人生のネガティブな歴史ともしっかりと対峙している。試練を乗り切り、円熟期ならではの新境地を切り開きつつあるようだ。

5 ジョン・健・ヌッツォ

驚きだったイメージとのギャップ

二〇〇八年 覚せい剤取締法違反（懲役一年六カ月、執行猶予三年）

じょん・けん・ぬっつぉ。一九六六年生まれ・テノール歌手。

父はイタリア系アメリカ人、母は日本人のハーフでアメリカ国籍を持つ。名門のウィーン国立歌劇場、メトロポリタン歌劇場の専属歌手を務める。二〇〇四年、ＮＨＫ大河ドラマ『新撰組』のオープニングテーマ曲を歌ったことで、広く知られるようになった。

大河ドラマのテーマ曲を歌い、『紅白歌合戦』にも二回出場しているＮＨＫのお気に入りで、海外でも活躍するテノール歌手、ジョン・健・ヌッツォの覚せい剤による逮捕は、イメージとのあまりにも大きなギャップで人々を驚かせた。

二〇〇八年一一月二七日午後六時過ぎ、ジョン健ヌッツォは東京都品川区の路上で警視庁荏原署の警察官に職務質問を受けた際、ズボンのポケットに覚せい剤〇・七グラムを所持していたとして現行犯逮捕された。荏原署に匿名のタレ込みがあり、それに基づいて内偵した上での職務質問だった。取り調べに対し「バカなことをした」と後悔している様子だったという。

実はこの頃すでに彼の人気には翳りが見えており、特にクラシック界での評価は急降下していた。過密スケジュールによる練習不足に加え、出演のキャンセルが相次いだからだ。頸椎間板ヘルニアによる体調不良がキャンセルの理由だった。二〇〇五年三月の『コジ・ファン・トゥッテ』では突然のキャンセルでトーマス・ノヴォラッスキー芸術監督が激怒して所属事務所に厳重注意、それを受け事務所を解雇されていた。国内外の大きな舞台や役に指名されることはほとんどない状態だった。

二〇〇四年の『紅白歌合戦』も、頸椎間板ヘルニアでリハーサルを欠席した挙句、本番で歌詞を間違

今も明るいテノールのファンは多い

えるというハプニングを起こしていた。

事件に際しもう一つ人々を驚かせたのが、報道の際に映し出された、東京都大田区にある彼の住処が、ゴージャスなオペラのイメージとはかけ離れた、質素なアパートだったことだ。仕事が減った上に、ドイツ人の妻と離婚し、慰謝料と子供の養育費を払っていたという。そこに覚せい剤を続けていたとなると、金銭的にはかなり苦しかったのだろう。

二〇〇九年一月七日、懲役一年六カ月、執行猶予三年の判決を受ける。公判では「昨年、活動拠点を米国から日本に移し、仕事のやり方が異なりストレスが溜まった。ファンや家族に申し訳ない」と語った。

執行猶予期間はチャリティ活動に邁進し、特に東日本大震災では精力的に復興支援を行った。以降、オペラの仕事にも徐々に復帰し、地道に音楽活動を行っている。

6　豊田利晃

ライバルにタレこまれた奇才

二〇〇五年　覚せい剤取締法違反（懲役一年六カ月、執行猶予三年）

とよだ・としあき。一九六九年生まれ。映画監督。

九歳から一七歳まで新進棋士奨励会に所属。その時の体験を元に坂本順治監督の『王手』の原作・脚本を担当し一九九一年映画界に入る。事件ののち活動再開し、二〇一五年には舞台監督も務めている。

豊田の映画監督としてのデビューは一九九八年、バイオレンス映画『ポルノスター』で、この年に日本映画監督協会新人賞を受賞し将来を期待された。その後も『アンチェイン』『青い春』『ナイン・ソウルズ』など通好みの作品を発表する一方、ミュージックビデオやCMなどの分野にも進出し、その評価は高く仕事は順調だった。

二〇〇五年には、角田光代原作、小泉今日子主演の『空中庭園』を監督する。これは大々的に宣伝されていた話題作だった。ところが、その公開前の八月二四日、豊田は、東京都狛江市の自宅ベッド脇に、ビニール袋五袋に入った覚せい剤約三・九グラムを隠し持っていたとして、現行犯逮捕される。尿検査でも覚せい剤反応があり、豊田は「仕事で疲れた時にやっていた」と供述した。

「豊田組」を率いて精力的に活動している

この逮捕の裏にはリークがあったといわれる。「きっこのブログ」によれば、リークしたのは『空中庭園』を公開中止に追い込みたいライバルの映画関係者だったという。結局映画は公開されたが、豊田はこの後しばらく活動自粛を余儀なくされる。

二〇〇九年に『甦りの血』で映画に復帰。その後の仕事は順調で、若手人気俳優の出演作品をいくつも手掛けている。

7 中村銀之助
覚せい剤で破門に

二〇〇五年　覚せい剤取締法違反（懲役一年六カ月、執行猶予三年）

なかむら・ぎんのすけ。一九六八年生まれ。元歌舞伎俳優。

二〇〇〇年国立劇場第十五期歌舞伎俳優研修終了後四月に初舞台を踏み、二〇〇一年四月より中村銀之助を名乗る。中村勘三郎一門を事件後に破門。

二〇〇五年八月五日、東京都豊島区目白の自宅アパートで、プラスチック製の容器に入った覚せい剤を所持していたとして、警視庁三田署に現行犯逮捕された。これを受け中村勘三郎は、「弟子である中村銀之助が逮捕され、非常に申し訳なく、世間を騒がせたことを深くお詫び申し上げます」と謝罪し「破門せざるをえないと考えております」とした。

公判で銀之助は「最初は合法ドラッグと騙されて使った覚せい剤だが、その後も続けてしまった。逮捕されなければやめられなかったと思う」と述べた。「仕事のストレスなど安易な理由で数種類の薬物を繰り返し使用し、再犯の恐れがある」として、一一月四日、懲役一年六カ月執行猶予三年が確定した。

中村銀之助は研修所出身の歌舞伎俳優だった。名門出身者とはすべてにおいて区別される、厳しい身分制度の世界である。

中村一門ではこの年の一月、勘三郎の次男・中村七之助が、勘三郎の襲名パーティーの帰りに泥酔しタクシー運賃を払わず降りようとして、通報を受けて駆けつけた警察官を殴打する事件も起こっている。襲名したばかりの勘三郎にとっては受難の年だった。

のちの海老蔵事件などでも明らかなように、不祥事を起こしても名門御曹司なら守られ、再起のチャンスが与えられるのがこの世界である。

【付記】本書校了日の六月二四日、またしても薬物事件の報が入った。女優・高島礼子の夫で元俳優の高知《たかち》東生《のぼる》が、覚せい剤取締法違反等の容疑で関東信越厚生局麻薬取締部に現行犯逮捕されたというのだ。現時点ではまだ詳しいことは判らないが、とめどなく続く芸能界薬物汚染の一端が垣間見れる。次は誰か？

おわりに——なくならない薬物事件

薬物事件が一向に減らない最大の理由は、薬物を世の中に温存させておきたい大きな意思が存在するからだろう。一般には薬物の黒幕は暴力団やマフィア組織などとされるが、本丸は、その背後に控える強大な権力なのだ。

薬物がＣＩＡの資金源になっているといった噂は根強い。アヘン戦争以来の、金が必要なら薬物で手っ取り早く作ればよい、という発想が、英米の支配層の中には脈々とあるのだろう。そしてそれは、配下の国々でも反映される。

日本に即すならば、岸・安倍家は薬物との関わりの強い一族だ。岸信介は戦前、満州にアヘン利権を持ち、大きな富を築いた。その資金力があったからこそ、孫の安倍晋三も、総理大臣としての今日がある。

戦後、岸は、Ａ級戦犯でありながら処刑を免れたのと引き換えに、ＣＩＡのエージェントになったといわれる。一方で統一協会とのつながりに象徴されるように、満州時代からの朝鮮半島コネクションを戦後も持ち続けた。ＣＩＡ、朝鮮半島、カルト宗教、薬物などに色濃く染まった人物であり、それは岸を深く尊敬する安倍にも受け継がれていると考えるのが自然である。北朝鮮は外貨獲得のために国家ぐるみで薬物の密輸出を行っているといわれ、日本への大きな供給元となっている。

安倍の持つバックグラウンドは、この北朝鮮薬物ルートが安倍の利権の一部なのではないかといったことを、強く連想させる。

また、小泉純一郎と稲川会との関わりはよく知られたところであり、森喜朗の暴力団との関係が報じられたこともあったように、政治家と暴力団のつながりは珍しいことではない。むしろ支配層と反社会的勢力は、表裏の存在であると捉えるべきだろう。

状況証拠をつなぎ合わせると、CIA、半島、自民党清和会、宗教団体、暴力団などが連なって、壮大な薬物シンジケートを成し、暴力団や宗教団体の背後に隠れて、薬物が支配層の利権・資金源となっている、といった構図が浮かび上がってくる。

もしそうであるなら、当局が本気で薬物を撲滅しようと考えるはずもない。しかし仕事をしているところは見せなければならない。そのために最も有効なのが、報道されて手柄を派手にアピールできる著名人の逮捕ということになる。二重行政でもある警察とマトリ（厚労省麻薬取締部）は、権限の維持・拡大のため、より大物を挙げようと日々競い合っているのだ。

さらに著名人の薬物犯罪は、支配層が何か国民の目を逸らしたいことがある時のスピン報道に活用されている疑いも強い。目星を付けて泳がせておき、必要なタイミングでしょっ引くのである。つまり、彼らは二重、三重のカモであり、その逮捕劇は茶番そのものということになる。

このようなことはなかなか確証が得られるものではないが、細かい情報だけに捉われずに、大きな背景にも考察をめぐらせるのは大切なことである。

（本文中敬称略）

芸能界薬物汚染　その恐るべき実態

2016年7月20日　初版第1刷発行

■編著者　鹿砦社薬物問題研究会
■発行者　松岡利康
■発行所　株式会社 鹿砦社（ろくさいしゃ）
（本社／関西編集室）〒663-8178
兵庫県西宮市甲子園八番町 2-1-301
TEL 0798-49-5302
FAX 0798-49-5309
（東京編集室／営業部）〒101-0061
東京都千代田区三崎町3丁目 3-3-701
TEL 03-3238-7530
FAX 03-6231-5566
URL http://rokusaisha.com
E-mail 営業● Sales@rokusaisha.com
E-mail 編集● editorial@rokusaisha.com
■装　丁　鹿砦社デザイン室

■印刷所　吉原印刷 株式会社
■製本所　株式会社 越後堂製本

ISBN978-4-8463-1121-6 C0095